Erhart Kästner, geboren am 13. 3. 1904 in Augsburg, ist am 3. 2. 1974 in Staufen gestorben. Erhart Kästner studierte in Leipzig, Freiburg und Kiel, wurde 1927 Bibliothekar an der Landesbibliothek im Japanischen Palais zu Dresden und dort Leiter der Handschriften-Sammlung und der Sammlung bibliophiler Kostbarkeiten. Von 1936 bis 1938 war er Sekretär bei Gerhart Hauptmann. Nach sieben Jahren Krieg und Kriegsgefangenschaft wurde er als Direktor der Herzog-August-Bibliothek zu Wolfenbüttel berufen, der berühmten Bibliothek von Leibniz und Lessing. Er leitete sie achtzehn Jahre lang.
Erhart Kästners Werke im Insel Verlag: Zeltbuch von **Tumilad** (1949), Ölberge, Weinberge. Ein Griechenlandbuch (1953), Die Stundentrommel vom heiligen Berg Athos (1956), Die Lerchenschule. Aufzeichnungen von der Insel Delos (1961), Aufstand der Dinge, Byzantinische Aufzeichnungen (1973), Kreta (1975), Griechische Inseln (1975). Im Suhrkamp Verlag erschien: Offener Brief an die Königin von Griechenland. Beschreibungen, Bewunderungen (1973). Dieses während des Zweiten Weltkriegs entstandene, 1944 beendete Buch sollte — so war es mit dem Autor besprochen — neu aufgelegt werden. Erhart Kästner hatte die Überarbeitung begonnen; doch die Arbeit konnte er nicht beenden, er starb. Nun liegt *Kreta* im ursprünglichen Wortlaut vor: ein frühes Buch mit der »begeistert zupackenden, schwungvollen, gelegentlich sogar überschwenglichen Sprache«.
Während 1944 aus der Heimat schlimme Nachrichten eintrafen, wurde die Arbeit an diesem Buch zum Ort der Flucht: »Das Schreiben die einzige kleine Insel der Ordnung« — so notiert Kästner zu Beginn des Jahres in Athen.
Wer von der Lektüre seines letzten Buches herkommt, vom *Aufstand der Dinge*, wird anteilnehmend erkennen, wie groß das Erlebnis war, Menschen und Dinge zu erfahren, ungeachtet der Not der Zeit.

insel taschenbuch 117
Erhart Kästner
Kreta
Aufzeichnungen
aus dem Jahre 1943

ERHART KÄSTNER
KRETA
*Aufzeichnungen
aus dem Jahre 1943*

Insel

Mit einem Nachwort von Heinrich Gremmels

insel taschenbuch 117
13.—22. Tausend 1975
© Insel Verlag 1975
Alle Rechte vorbehalten
Insel Verlag Frankfurt am Main
Vertrieb durch den Suhrkamp Taschenbuch Verlag
Umschlag nach Entwürfen von Willy Fleckhaus
Satz: Librisatz, Kriftel · Druck: Ebner, Ulm
Printed in Germany

KRETA
AUFZEICHNUNGEN
AUS DEM JAHRE 1943

NÄCHTLICHER IDA

Als dieses Jahr jung war, habe ich Kreta zum ersten Male gesehen, aber für ein paar Stunden nur, so daß sich mir dieser Flug im Gedächtnis findet wie etwas, das mir ein andrer erzählt hat und mein Vormittagsdortsein nur wie ein Angruß dieser verehrungswürdigen Insel.

Es war an einem klarkühlen Februartag. Den Herz- und Erinnerungsblick, den ich von damals hege und trage, empfing ich im Anflug des Morgens. Die letzte der Kykladen lag schon zurück, und wir näherten uns Iraklion.

Da erblickte ich, fern wie aus dem Jenseits, in zartester Bläue, süßester Weiße, einen schneebedeckten Berg. Es war der Ida. Er war schön wie der Atem, wie der Aushauch eines träumenden Gottes im Schlaf, leicht wie der letzte aller Gedanken, rein wie ein Vers, knapp wie der Strich eines Künstlers im Alter.

Denn Gott macht das Gewaltige gewaltig; das Gewaltigste aber malt er mit dem feinsten Stift und mit seinen leisesten Pinselzügen.

Jetzt ist es August.

Es ist mir lieb, daß es nun, wo ich länger auf der Insel bleiben soll, hoher Sommer ist. Es paßt zum Bilde, das ich mir von dieser Insel im voraus machte, daß ich sie sehe in der Späte des Jahrs, inmitten der

Dürre, nach vier oder fünf Monaten, in denen kein Tropfen vom Himmel fiel, im Ausgebrannten, da alles Schmeichelnde, das der Frühling herzubringt, längst abfiel und nur noch das Ewige, Gültige da ist das sich im Feuer auch hält. So werd' ich diese Insel, die die älteste ist und gleichsam der Anbeginn alles Griechischen, in der Gestalt sehen, die ihr recht eigentlich gebührt — diese Insel, die daliegt in der Form eines jungen Hoffnungsmondes am südlichsten Rande Europas, des Erdteils, den sie aus sich gebar, und über ihr im Ägäischen Meer wirbelt der Sternentanz und das Perlenspiel ihrer Kinder, der kleineren Inseln.

Ich war erst drei Tage auf Kreta, als ich von Chania aus in die mittelste Mitte der Insel, in ihr Herz, ins Tal von Asomatos fuhr. Das Kloster liegt am Fuße des Ida. Da ich den göttlichen Berg mit seinen zwei Gipfeln wiederum sah, und diesmal von nahem, beschloß ich, den kretischen Stier sogleich bei diesen beiden Hörnern zu fassen.

Aus dem Tal von Asomatos hebt sich der Ida frei und unverdeckt empor. Obgleich das Kloster nicht viel über Meereshöhe liegt, erscheint er nicht so gewaltig, wie man es bei seinen zweieinhalbtausend Metern vermuten sollte; er ist mehr gelassen und majestätisch mild. Er hat es nicht nötig, damit zu prunken, daß er der höchste ist.

Bis zum Gürtel ist er gewandet mit einer Kette, die

vor ihm liegt und sich mit einem Sattel absetzt von ihm. Sie ist bewachsen und voller Klüfte und Schründe.
Darüber, reinlich abgegrenzt, beginnt sein oberes Bereich. Es ist nacktes Gestein, das maßvoll sich rundet und endet in jenem Doppelgehörn, das überraschenderweise dem uralten Inselsymbol, dem Stiergehörn, gleicht.
Abend für Abend, mit der Gewißheit, in der die Nacht auf den Tag folgt, erlebt der Berg seine Seligsprechung durchs Licht. Dann wird er erst recht zum Throne der Insel, er, der Geburtsort des obersten Zeus. Es leuchtet der Sockel in rostigem Braun, aber darüber, der obere Bezirk, verharrt eine Weile in einem flammenkernhaften Gelb, das göttlich ist. Dann stürzt er schnell ins Lichtlose der Nacht.
Mein Aufstieg begann in dem Bergdorfe Furfuras. Wir nahmen uns einen Hirtenjungen als Führer mit. Wir waren zu dritt oder eigentlich zu fünft, denn der Hirtenjunge brachte seinen Herdenhund mit, und zuletzt schloß sich auch Assi, das Hundekind, an. Er war der jüngste von uns, erst vier Monate alt und sehr verspielt.
Um elf Uhr zogen wir los in die Bergnacht, in der es sich besser steigt im August als am glutheißen Tage. Es war eine Nacht vor dem Vollmond; wir würden also gut sehen können und, da bei Vollmond der Auf- und Untergang des Tages- und Nachtgestirns übereinstimmt, Licht bis zum Morgen haben.
Der Hirt erwies sich als ein gescheiter und aufgeschlossener Junge, dessen Gesellschaft angenehm

war. Er hatte die kretischen Funkelaugen, war klein und behend und stieg weitaus am besten von uns; sein weißes Hemd leuchtete immer vor uns durch die Nacht. Er trug seinen krummen Hirtenstock und seine Füße steckten in griechischen Schaflederschuhen, die sehr weit sind und leicht genäht und sich nach kurzem Gebrauch auflösen in Nichts. Sein Gang war bemerkenswert schön, aufrecht und stolz und ohne jeden Zwang, tierhaft geschmeidig. Auch war er von der immer gleichbleibenden Munterkeit der Menschen dieses Landes, die es als eine natürliche Höflichkeit ansehen, dem Fremden ihre gute Laune und ihren naiven Frohmut zu schenken als Gastgeschenk.

Ein Zwischenfall ereignete sich schon nach zehn Minuten; ich habe es übrigens gern, wenn Unternehmungen mit kleinen Widrigkeiten beginnen. Dem Geisterfürsten der Zwischenfälle ist dann geopfert und ernstere bleiben gewöhnlich aus.

Assi nämlich, das Kind, ließ plötzlich aus dem Dunkel vor uns ein solches Mord- und Jammergeschrei erschallen, daß wir an irgendein blutiges Ereignis, einen Schlangenbiß oder Schlimmeres dachten. Wir fanden ihn dann in einer Hasenschlinge gefangen. Der Hirt bewies seine Vertrautheit mit solchem Gerät durch ein paar sachkundige Griffe, und Assis Jammer schlug wieder in freudige Sprünge um.

Der Aufstieg zum Ida unterschätzt sich infolge der milden Formen des Berges. Einen eigentlichen Weg gibt es von dieser Seite aus nicht, nur eine Folge von nachts kaum kenntlichen Ziegenpfaden. Gleich zu

Beginn zählte der Hirt die Quellen auf, die wir treffen würden, samt ihrer Güte und Kälte; wir konnten uns also einrichten. Übrigens war er unermüdlich, uns zu unterhalten und allerlei Merkwürdiges aus seinem Revier zu erzählen, das er bis in den letzten Winkel kannte: Höhlen, in denen er oft geschlafen, den Namen einer jeden Flur und allerlei Bäume und Pflanzen, die er zu loben oder zu schmähen wußte. Er war stolz auf sein Gebirge und liebte es aus vollem Hirtenherzen, und nach einer längeren Ruhmesrede auf seinen Psiloritis, so nennen sie jetzt den Ida, zog er den Schluß: hier sei es am besten und schönsten auf der ganzen Welt — als ob er sie kennte! — hier fänden die Schafe das ihre, hier schmecke das Essen und hier schlafe ein jeder gut.

Der runde Mond rollte uns gegenüber am Himmel hin und sein Licht fiel voll auf den Hang. Bäume, Felsen und unsere Wandergestalten warfen scharfe Schatten. Der Berge wurden, je höher wir stiegen, mehr, immer mehr, und immer sehnsüchtiger und weiter erschienen die samtblauen Säume der schwingenden Höhen. Der Tageswind hatte sich gelegt. Seidene Ruhe lag in den lichtlosen Tälern: Schleier der Nacht. Von da und von dort, unbestimmbar woher, aber da in der Welt, scholl der leise Sang der Grillen, der die Stille erst hörbar macht, ein silbernes Lot, das ihre Tiefe ermißt. Zuweilen drang Hundegebell aus den Gründen oder ein Eseljammergeschrei.

Nun wir höher kamen, erschien auch im Süden der Insel das Meer. Im spielenden Scheine des Monds

war seine fernlichte Verheißung ein Wunder die
ganze Nacht: magische Silberkreise, gemalte Zauberinseln und Ströme in flüssigem Glanz.
Da wir steil emporklommen, schienen die Wege, die
wir im voraus nicht sahen, geradewegs in den Himmel zu führen: Wir stiegen in Sterne hinein.
Mit einem Mal, es war wohl gegen ein Uhr, ragte
dicht vor uns eine Gestalt aus dem Dunkel. Es war
ein Hirt. Auf seinen Stock gestützt, stand er auf
einer Felsenplatte, reglos, und schaute vor sich in die
Nacht und auf uns herab. Unser kleiner Führer und
er begrüßten sich und sprachen allerlei, das ich nicht
ganz verstand. In den Mondnächten, so belehrte der
Junge uns dann, ist es unmöglich, die Schafe im
Pferch zu halten, sei es, weil ihr Verstand nicht hinreicht, eine Vollmondnacht vom Tage zu unterscheiden, sei es, weil sie nicht einsehen können, daß jemand schlafen soll, wenn er auch fressen kann. Jedenfalls laufen sie aus, überziehen weidend den
Hang und beleben den stumpfblauen Dämmer der
Nacht mit den weißlichen Tupfen ihres Gewölls.
Traumverloren erscholl das Klingklang der zahllosen Glocken.
Mir war es neu und mir war es lieb, Bild und Klang
dieser mondschwärmenden Schafe an den Hängen
des heiligen Berges Ida.
Für drei Uhr ungefähr war uns eine Quelle in Aussicht gestellt. Da wir Durst hatten und uns im Vertrauen darauf nicht mit Vorrat versorgt, warteten
wir ihrer mit Verlangen. Wir konnten zwölf- oder
fünfzehnhundert Meter gestiegen sein.

Der Hang war steil, und da die Nacht der Phantasie günstig ist und alles übertreibt, schien er uns fast senkrecht. Der Pfad wurde felsig, wir nahmen die Hände zu Hilfe und kletterten eine Weile im Scheine des Monds.
Dann war der Quellplatz da.
Es war nur ein kleiner Rastort unter einem überhängenden Felsen, und ebenso steil verschwand unter uns der Hang. So standen wir eigentlich auf einem kleinen entrückten Altan, der hoch überm Tale hing und hoch über der nächtlichen Welt.
Aus dem Felsen drang wie ein Silberstift ein Strählchen kalten Wassers. Es war sorgfältig geschuht mit hölzernen Schindeln, und plaudernd troff sein Gefäll in vier, fünf Tröge von ausgehöhlten Stämmen, die auf engem Raum im Zickzack hinter- und untereinander angeordnet waren, um möglichst viel Tränke zu schaffen. Es rann und sickerte von Trog zu Trog in lieblicher Nachtmusik. Es war das schönste Wasserspiel, das ich je sah.
Wir ließen uns nieder, Mensch und Tier, und alles trank still.
Laut pries der junge Hirt die Güte und Kühle des Quells, der der einzige sei weitum und der höchste in den Bergen, und nannte seinen Namen: die Quelle Aplita.
Der Mond, der uns voll beschien, umrandete die Tröge mit silbernen Säumen und mit dem Zauberspiel unermüdlich erregter Wellenkreise.
Sternschnuppen, viele und großartig nahe, wie der August sie bringt, fuhren vor uns über den Himmel,

und manche ließen, nachdem sie verzischt, die Flammenschrift weißlicher Schweife zurück.
Es war kein Laut in der Welt als das kleine Geläut unseres Wasserstrahls, fünffach gemurmelt, ein kleinwinziger Ton im Getös dieses Weltenlärms. Aber übersang er nicht soviel Lauteres schon seit vieltausend Jahren, und wird er nicht plaudern und singen, wenn soviel Prächtigeres längst schon vertan ist, noch immer, bei Tag und bei Nacht?
Wie von selber stellten Göttererinnerungen sich ein. Konnte es hier nicht gewesen sein, daß das Kind Zeus, umsorgt von den Quellnymphen Helike und Kynosura, am Brunnen spielte, während die Ziege Amalthea im Schatten der Felswand lag, die das göttliche Kind gesäugt und nachmals zum Dank als ein Sternbild an den Himmel versetzt ward?
Kleiner Zeusquell am Ida! Unbesungen und unberühmt! So hoch über der schlafenden Welt du tropfest, so hoch erhobst du mein Herz. Du bist Herr über so vieles, und indem du herniederblickst auf die Mondnebel im Tal und die schlafenden Ölbaumwälder, lehrtest du mich von neuem, daß das Zärtlich-Kleine, das Leise und Stille es ist, das die ewigen Lieder am tapfersten singt.

Es war wohl drei Uhr und somit noch zwei Stunden bis zur Sonne, als wir uns wieder aufmachten. Wir stiegen weiter im Fels, aber nicht mehr am freien Hang, sondern im Innern von Schluchten und Klip-

pen. Die steilen Blicke ins Tal und die Tiefe waren verschlossen, entrückt das Wundergeriesel des silbernen Meers.
Unser Junge ging auf unkenntlichem Pfade voran zwischen gewaltigen Blöcken. Bisweilen verschwanden wir ganz im Dunkel der Schatten, dann gerieten wir wieder in Strähnen weißen fließenden Lichts.
Es begann hier, so hoch droben, ein schöner, merkwürdiger Eichenwald wie eine uralte Heiligkeit des dodonischen Zeus, eine Steineichenart, deren Blätter klein, wie aus Metall geschnitten und mit Dornen besetzt sind. Doch waren die Stämme ehrwürdig und wunderbar alter Gestalt wie in einem Eichenwalde bei uns. Der Boden war weich vom gestorbenen Laub und lautlos der Tritt unsrer beschlagenen Schuhe.
Im Helldunkel der Nacht konnte man im Gewirr der gewälzten Blöcke und bergandringenden Bäume wohl einen urzeitlichen Kampf imaginieren, den Zeus, der junge, und die anderen Götter gegen die stürmende Schar der Giganten gekämpft. Denn hier war das Reich der Untern zu Ende und das obere der Götter begann. Bis hierher konnten die Mächte der Erde, die Empörer, die Hasser und Neider gedrungen sein. Hier traten ihnen die Olympier entgegen, die Schirmer der Ordnung, die Hüter des Lichts, die Verächter der bloßen Gewalt.
Schreckhaft und quer lagen hie und da Wettereichen, welche das Merkmal sind der Wälder, die der Mensch nicht hegt und nicht nutzt. Ihre beinerne Weiße ließ sie wie Keulen und erloschene Brände

erscheinen, welche die Hasser dereinst geschleudert und die nun zugleich mit den Blöcken die verlassene Walstatt als Zeugen bedeckten.

So stiegen wir wohl eine Stunde durch Fels und durch Wald, bis wir den Kamm der Kette erreichten, die den Idagipfel umgürtet. Hier ist die Grenze des Wuchses. Von hier ab erhebt sich der obere Berg, der pyramidale und nackte, an welchem das Licht der Morgen und Abende seine erhabenen Magien vollbringt.

Das war das letzte Stück unseres Anstiegs. Wir klommen über die Halden, die, wie von schiefrigem Schutte bedeckt, das Bild von etwas abgelebt Uraltem boten, das außer der Zeit ist und keinen Anteil mehr hat an dem, was irdisch geschieht.

Der Mond war jetzt tief und schwamm überm Meer auf einer Straße kupfrig-rauchigen Rots.

Noch immer war Schwüle der Nacht und das Steigen fiel schwer. Die hohen griechischen Sommer ermatten und zehren; man kennt sich nicht wieder. Wir schritten gehemmt, wie es in manchen Träumen geht. Assi, der Hund, war lang schon am Ende der Kraft und bereute es wohl, sich mit unserer Sache eingelassen zu haben. Er winselte ununterbrochen und legte sich immerzu mir vor die Füße mit flehendem Aufblick, in der Hoffnung, sein Beispiel bringe mich auf die Idee einer Rast. Sein kindisches Weinen erfüllte die letzten Stunden unseres Wegs.

Als wir nahe dem Gipfel waren, ging im Osten die Sonne auf. Langsam gebar sich die Welt aus dem Blauen der Nacht. Zuerst gewann das Meer seine

Farbe: ein lichtestes Blau, durchscheinend edles Gestein. Dann fanden die Berge ihr summendes, tönernes Braun. Die Welt sah, wie immer von oben, kartenhaft leblos aus. Das kleine Leben der Dörfer und Felder, das Siedeln und Bauen, war kaum noch da. Sogar die Flächen des Weins zeigen von oben nur die Farbe der Erde.
Rotes quoll aus dem Osten, ein sengender Brand. Ströme von Licht zerteilten die Welt. Die befehlende Gebärde des erscheinenden Tags wies allem den Platz und gebührenden Rang. Die Ebenen schleuderte es in die Tiefe, die Meere in die unendlichen Fernen, die Berge riß es empor in die gottbehausten Bereiche. Was vordem im Schoßdunkel der Nacht ein heimliches Ganzes war, nun ward es geschieden.
Das war die Ordnung des Zeus, die Teilung der Welt, die sich täglich von neuem vollzieht. Es war die Setzung der Maße, Geburt ins Klare hinein, der Aufgang der griechischen Welt.
Hier stand ich am Throne des Lichts.
Im Ereignis des werdenden Tags glaubte ich die Erscheinung des Zeus zu erfahren, des Gottes vom Ida, der ein anderer ist als der regierende Vater der Götter und Menschen. Er ist der Junge, der Strahler, der Bringer, der Held; der Stifter der Welt, die wir träumen: der lichten, der klaren, olympischen, griechischen Welt. Er, dessen Name den Lichtglanz des Himmels bedeutet, nicht nur die Sonne, sondern den allüberlaufenden Schimmer des Lichts, das Helle schlechthin und das Glanzgewölb: dies war sein

Morgen, sein Tag, seine Stunde. Dies war es, was er der Menschheit gebracht.
Morgenwind kam und es wurde kalt.
Wir hatten inzwischen den Gipfel erreicht. Es war eine Grotte da, eine Art Kapelle aus geschichtetem Stein, halb in der Erde, mit nichts als einem Heiligenbild. Das primitive Gehäus hätte auch eine Weihstatt aus uralt heidnischer Zeit sein können. Ein umzirkendes Steinrund und eine Zisterne. Der Hirt stieg hinein und schöpfte Wasser für die Hunde. Wir selbst hatten noch vom kleinen Quell in der Nacht.
Jetzt erst war deutlich, wie hoch wir gestiegen waren. Die Insel, die so ausgedehnt ist, daß man in ihren Tälern vergessen kann, daß sie Insel ist, war geschwunden zu einem schmalen Steg. Doch die Meeresweiten im Süden und Norden waren unendlich.
Seltsam: der Sonne abgewandt im südlichen Westen erschien das Meer wie gedunsen und schwärzlich, es war eine breite, fernab sich verjüngende Straße. Am Horizont gar schien es sich aufzuwölben und siedend emporzuwallen in nebligem Dunst. Ich besann mich lange, was das denn sei, bis mir einfiel: das war der Schatten des Ida, den die aufgehende Sonne erzeugte und warf bis an den Rand der sichtbbaren Welt.
Die Bezirke der Insel ordneten sich wunderbar übersichtlich und klar. Da war der Saum der Küstenstädte im Norden, im Süden die Ebene, die Messara, wundervoll abgekammert zwischen zwei mitlaufenden Bergketten, und über alles empor die drei gleich-

hohen Gebirge, an denen die göttliche Insel dreimal am Himmel befestigt erscheint: die Weißen Berge im Westen, der Ida inmitten, auf dem ich stand zu meiner Lust, und der Dikte im Osten, der Sonne zu. Doch dies war nur das Nahe. Im Weiten, nicht sichtbar mehr, aber gewußt, lagen drei Weltteile, in deren Netz ich mich fand an einem mittelsten Knotenort: fast gleichweit entfernt von Afrika, Asien und dem geliebten Europa.

TAL VON ASOMATOS

Am Fuße des Idaberges liegt — hingeperlt — das Klostergut Asomatos. In diesem Tale schlägt Kretas Herz. Da ist Gebirgswelt, da ist alles kräftig und stark. Füllestrotzend hängen die Trauben vom Laubenspalier, stark sind die Rinder, die Wagen und Pflüge ziehen, und nährend und stark ist die Erde. Es rauschen die Brunnen und es weht der Wind.
Ein ewiger Wind, kühlstark im Heißen, bei Tag und bei Nacht. Er springt durch Pforten und Lücken der Berge aus der Ägäis im Norden über die Insel hinweg, dem Süden zu. Die Eukalyptusbäume, die eine Allee auf das Kloster zu schreiten, kommen mit ihren Sichelblättern niemals zur Ruh.
Über das Doppelgehörn des Ida fließen Wolkenfahnen, lösen sich auf in nichts. Dies blaugrüne, ölbaumüberbuschte Tal schenkt mir etwas, das ich noch niemals sah in Griechenlands klarer Luft: blaue Sonnenschleier, Morgen- und Abenddünste über Hügelketten und Bergeshöhen. Sonnenschleier, wunderbar gestuft, wie sie uns die Bilder der Romantik ins Herz gemalt haben. Derlei gibt es in Attika, gibt's auch in Delphi nicht. Hier, im südlichsten Süden, finde ich diese Geheimnisgewebe wieder, die mir von der Heimat vertraut sind. Und wenn ich vergleichen soll, so bin ich hier im Griechischen wie in Tirol.
Wie viele Rinder es gibt! In ganz Griechenland sah ich in einem Jahr nicht so viele wie allein hier in diesem kretischen Tal. Und was für Rinder! Und wel-

che Stiere! Stunde um Stunde des langen Tags gehen sie draußen im Rund um die Tenne. Ich sah mir das griechische Dreschen diesmal genauer an. Der hölzerne Schlitten, den die zwei Ochsen nach sich im Kreise ziehen, ist vorne emporgekuft wie ein Schneeschuh. Unterwärts ist er besetzt mit lauter ins Holz gezwängten Feuersteinen. Drauf steht der Bauer und läßt sich ziehen. Die scharfen Steine zerschneiden das Korn zu Häcksel, zugleich preßt der Druck die Frucht aus den Ähren. Lage um Lage von Korn wird neu aufgelegt; schließlich ist das ganze Tennenrund voll wie ein Rührtrog, voll glattweichen Gemenges. Das rohfarbene Holz des Schlittens ist von den blonden Ähren ganz glänzend geschliffen.
Im Schuppen steht eine Dreschmaschine, funkelnd vor Neuheit, rosa bemalt. Sie stammt aus Saloniki, aber sie taugt nichts. Sie bringt weniger fertig als die Ochsen im Rund, und sie zerquetscht das Korn, während da draußen saubere Arbeit gemacht wird. Dort wird nichts zerstampft, und wenn später geworfelt wird im blasenden Atem der Berge, hoch übers Haupt, trennt sich reinlich die Frucht von der Spreu.
War das nicht immer schon so vor ein-, zwei- und fünftausend Jahren auf Kreta? Was hat es zu sagen, daß es ein wenig langsamer geht? Der Bauer auf Kreta hat Zeit, er lebt in Jahrtausenden. Die Maschine aus Saloniki aber macht schlechte Arbeit, sie steht verachtet im Schuppen, während draußen die Rinder ihren tausendjährigen Weg im Kreise gehen. Und so wird gedroschen, wie der Inselwille es will:

mit kretischen Rindern, auf kretischer Tenne, mit Holzschlitten und Feuerstein, wie es unter König Minos schon war.

Der Schuster im Klosterhof ist ein drolliger Kauz. Von früh bis abend sitzt er an seiner Kellertreppe, ein Blick auf die Schuhe, ein Blick auf alles, was ab und zu geht im Gut. Als ich ihn einmal nach dem Wege zum Bergdorf Merunas fragte, ließ er sich nicht auf Erklärungen ein, zog sich die Schuhe mit Sohlen aus zerschnittenen Autoreifen an die schwärzlichen Füße, nahm sich aus dem Dunkel des Kellers den krummen Stock und stapfte mit Säbelbeinschritten voran quer durchs Feld. Unterwegs verhieß er Wunders viel, die ich sehen würde dort oben. Denn er war ein Kreter, und wer es ist, ist es mit Leib und mit Seele und mit Begeisterungsglut.
Als er nach einer halben Stunde des Wegweisens müde war und sich auch ausgeplaudert hatte, kehrte er um. Zuvor aber verschwand er noch mit versprechenden Gebärden in einem Weinacker, der mit Öl- und Feigenbäumen besetzt war, und kehrte zurück mit Händen voll großer, süßreifer Blaufeigen, die er mir darbot mit vorkostendem Triumph, als hätte er Hesperidenäpfel vom Ende der Welt als Kostbarstes geholt.
Ist dieses Land nun arm oder ist es reich? Je länger ich hier bin in Griechenland, desto weniger finde ich den Mut zu verallgemeinernden Richtsprüchen, die

nur die Unkenntnis liebt. Natürlich ist dieses Land nicht reich, jeder weiß es; aber was es zu schenken vermag, schenkt es mit solch einer Güte, mit so lachendem Munde, so freudigen Herzens, reicht es mit solch einer Bedeutung dar, daß zwischen Geben und Nehmen das Geschenk zum Ereignis wird.

Hundertmal ist mir in Griechenland ein Glas Wasser mit solch einer Geste dargereicht worden wie nirgendwo anders köstlichster Wein. Ich sah einen Bauern das Glas vor dem Brunnen erheben und drehen gegen das Licht und loben, bevor er es trank. Keiner pflückt hier eine Traube, ohne sie erst bewundernd zu halten. Und wer hier vorbeigeht als Fremder, muß teilhaben an der Fülle des Birnbaums oder an der Melone mit rotblutendem Fleisch.

Wer schenkt, ist ein König in diesem Augenblick. Also ist er auch reich.

So wird hier gepflückt, geschenkt und genossen. Demeter und Dionysos werden hier nicht mehr verehrt; ihr Andenken hat sich in nördliche Länder verzogen, die ihr Wesen nur ahnen als blassen Abendschein.

Hier brauchten sie nur wiederzukehren. Es ist ihnen noch alles bereitet.

Ich war in Monastiraki, einem Dorf, wo im vorigen Sommer eine minoische Siedlung ausgegraben wurde. Man sieht in den einstigen Kellern die riesigen Tonfässer stehen, welche die Vorräte bargen vor viertausend Jahren.

Ein wenig später im Dorf war ich dabei, wie ein Bauer und sein Sohn gerade einen solchen Pithos, einen neuen aber, herbeischafften. Sie hatten ihn beim Töpfer eines anderen Bergdorfes gekauft, auf dem Esel herzugebracht und waren eben daran, ihn vorsichtig abzuschnüren. Er hatte dieselbe Farbe und Form wie jener und war gewiß aus dem gleichen Ton.
Das ist Kreta. Da kann man denn also bei Bauern stehen und über Tonkrüge sprechen, die gleichsam minoisch sind und seit Jahrtausenden auf dieser Insel im Gebrauche lebendig. Man hört, daß sie dazu dienen, Öl, Wein und Getreide aufzunehmen, wie es auch in Knossos schon war, daß man sie sogar als Schornsteine auf die kretischen Häuser setzt, daß es im Dorfe Wistagi einen Töpfer gibt, der die besten macht, daß es welche zu hundert, zu einhundertfünfzig und welche zu zweihundert Oka gibt und daß vor dem Krieg ein Pithos genau soviel Drachmen kostete, als er Oka faßte. Auch daß es gut ist, daß dieser hier einen kleinen Riß hat, denn den kann man flicken mit Zement, dafür aber war er billiger. Bauernsorgen, die über viertausend Jahre dieselben geblieben sind.
Ich hüte mich, meine Freude zu zeigen. Sie würden mich nicht verstehen. Hier ist alles so alt. Sollte es etwa anderswo auf der Welt nicht so sein?
Man sehe die Ölbäume im Talgrund von Asomatos! So großartig alte Stämme sah ich noch nie. Sie scheinen die Urväterahnen zu sein aller übrigen. Sogar in der Ebene von Krisa unterhalb Delphi, im heiligsten

Ölwald der Welt, waren sie, glaube ich, nicht so gewaltig, und in den unendlichen Hainen von Lesbos waren es Söhne eines ganz anderen Geschlechts: geordnete Scharen, planvoll und sittsam gepflegt. Hier aber steht jeder ganz auf sich selber, ein Riese und Held.
Ich umschreite eines dieser Ölbaumgebirge dicht rund um den Stamm mit großen Schritten. Siebzehn. Siebzehn Schritt um ein Gewirk aus Alter, Frucht und Zeit, um ein Lebendiges, das sich tausend oder zweitausend Jahre ans Dasein klammert mit Leidenschaft. Nichts mehr an ihm ist, wie es war. Der Stamm ist hohl, die Rinde durchlöchert. Vielmals kann man den Arm durchs zerwirkte Gebilde tun. Tausend Tode ist er gestorben und tausendmal wieder zum Leben erwacht, der große Geduldige. Er ist nichts einzelnes mehr, sondern ein Vieles, ein Zopfwerk und Flechtwerk von Strängen und quellenden Wachstumszügen. Alt, uralt.
Ich lege die Hand an das warm durchsonnte, graue Gestein seines Holzes. Großer, alter Freund.
Aber seine Krone zeigt nichts von Alter und nichts von Gebrechlichkeit. So uralt sein Grund ist, so jung ist das Leben, das er erzeugt. Denn auch das bringt er zuwege in seiner Ölbaumweisheit, daß er sich immer verjüngt. Sie schneiden alljährlich die Stämme zusammen, bis nichts mehr vom Grünen bleibt. Er läßt sich's gefallen, treibt großmütig und gütevoll immer erneute Reiser. Denn er weiß auch, daß dies das beste ist: fortdauernde Alterskraft und Jung-Lebendiges, das aus ihr erwächst, Sprießendes,

Springendes, man muß es gewähren lassen, wie es will: denn es wird es schon noch erfahren.
Ich laufe unter den Kronen durch die heiße Nacht einen Ölberg hinan. Der Mond steht über den Höhen des Ida und läßt die einfachen Atemzüge der Landschaft einfacher noch und klarer erscheinen.
Daß dich der Mond nicht steche des Nachts, fällt mir ein. Freilich kann seine Grelle in diesen Breiten den Schläfer quälen und Träume beschwören.
In die Schlummerstille der Mondnacht breitet der uralte Wald seine Weisheit und tröstenden Rat. Die Stämme scheinen sich auszudehnen, die Zweige und Blätter sich zu vertausendfachen im Gitter der Schatten auf staubigem Grund. Die Käuzchen sind unermüdlich im Ruf. Ein Nachtvogel schreit seinen Warnlaut in immergleich tropfendem Takt, glöckchenhaft.
Da ragt unter Oliven eine Zypresse: steil, festumrissen, schwarz, lanzenhaft. Ein Wächter des Tals.

Seitdem ich griechische Inseln nach und nach kennenlerne, kommt es mir vor, als ob eine jede den griechischen Inbegriff ausweite nach einem anderen Pole hin, so daß das Hellenische im reinsten, erfülltesten Sinn, das Klassische, Attische, an den Inseln wie an all seinen äußersten Möglichkeiten befestigt erscheint mit Spinnenfäden, und mittenin Ruhe in federnder, wiegender Mitte.
So überwältigte es mich auf Samos, wie exotisch das

Jonische ist und wie sehr die Mittagssonne Ägyptens die aufgehende griechische Frühkunst gegrüßt hat. Die köstlichen Elfenbeine dort, der Zeus mit dem strengen Regenbart, der Goldschmuck, die seltsamen Holzschnitzereien, die sich im Sumpf des Heraions erhielten, die Bronzen, die Greife und Katzen und Löwen — es erschien mir so neu und so fremd, daß es als griechisch zu denken gerade noch zulässig war. Es war mir mehr eine Wunder- und Randprovinz dessen, was griechisch ist.

Auf Lesbos wieder war es ein weicher und weiblichschmiegender, strömender Hauch, der von östlichen Ufern herzublasen schien ins Griechische hinein: lösende Flötentöne gegen die perlende Klarheit der Kithara Apolls.

Hier nun auf Kreta, glaub' ich zu spüren, ist alles älter, geburtendunkler als sonstwo in Griechenland. Kreta ist die Wurzel und der alte knorrige Stamm — so wie es auch daliegt, länglich im Meer: eine Wurzel von allem, was späterhin sproß. In Kreta zeigt sich das Griechische in seiner unbändigen Kraft. Wie heut noch die Insel das Alleranfänglichste des Abendländischen birgt, so ist es wohl auch zu griechischen Zeiten als das Urland empfunden worden. Fern und stolz und für sich ist Kreta Griechenlands vormächtiges Reich.

Es ist die herkünftige Insel. Nirgendwo anders konnte es sein, wo Zeus geboren war.

Wie mich die Luft dieses immerdurchwehten Tals und seine Nährkraft des Leibes und der Seele sogleich an Tirol erinnert hat, so auch die Menschen, denen ich bisher begegnet bin. Auch sie haben etwas Wurzelhaft-Knorriges, auch das Festhaltende und das Herzhafte, auch das Trachtenfrohe.
Was mir am frühesten auffiel, waren die Augen. Es sind große dunkle und zuweilen auch blaue Fackelaugen, die herrlich geschnitten sind und in denen ein Reichtum von Glanzkraft und stolzer Behauptung liegt und sicher viel Durst in Haß und in Liebe. Man fühlt es sogleich im Bann dieser Augen, daß man in einem Land ist, in dem uralte Blutströme fließen und das gewalkt ist vom Mühl- und Stampfwerk der Zeiten. So freie Blicke in einem Land, auf dem soviel Unfreiheit lag! Römische, sarazenische, venetische, türkische, zweitausend Jahre lang!
Sie sind wohl nicht leicht zu durchschauen, Menschen mit solchen Augen. Schließlich, Kreta ist die Insel der Inseln in Griechenland, und die Inseln sind Töchter des Meers. Wie aber das Meer bald versöhnlich lächelt und spielt und dann wieder die Pranke zeigt und die schmetternde Kraft, so ist auch die Art dieser Inselleute vielgestaltig und wandelbar. Sie reicht von der heitersten Freundlichkeit, die dem Fremden mit einem Anstand begegnet, der vollendet und königlich ist, bis hin zu leidenschaftlicher Verstockung und finsteren Grausamkeiten.

MESSARA-EBENE

Die Messara-Ebene ist das Schatzhaus von Kreta und das Ereignis der Insel im Süden. Alle größeren kretischen Städte liegen im Norden; das Leben der Insel hat sich seit Jahrhunderten nach Norden gewandt. Im Süden gibt es nur steile Küsten und Berge.

Doch da ist die Messara. Sie liegt unter dem Ida, ein tageweites flaches Gefild, gegen die See wiederum abgeschirmt von einem rissigen Bergzug, dem Asterusi-Gebirge. Nur bei Timbakion tut sie sich gegen das Südmeer auf, gegen das insellose – brückenloser Ferne entgegen, Afrika zu.

Ich fuhr von Rhethymnon über Melambes zur Messara. Die Straße ist jetzt erst zu Ende gebaut; früher hörte sie, wie griechische Straßen es gern tun, mitten in den Bergen irgendwo auf. Aber gerade dies neue Stück, dies südlichste Stück der südlichsten Straße Europas, ist traumhaft schön. Ich erinnere mich nicht, daß eine der berühmten Riviera-Straßen mich so ergriffen hätte in ihrer Pracht, obgleich ich damals, als ich sie sah, durch nicht viel Süden verwöhnt war und gewillter zu staunen als jetzt.

An jenem Abend glühte das Griechische dort zum Fabelhaften empor. Was diese Landschaft sich selten gestattet und womit sie spart: hier gab sie sich prunkend im Glanz eines Märchens, im Rausche von Farben und in tiefsattem Getön.

Wir fuhren in vielen Kehren die Berge hinab. Das Meer war mit dickem Blau hingemalt, ungestuft,

furios, in zorniger Andacht, und je tiefer die Sonne sank, desto mehr violettes Purpur mischte sich drein.
Da öffnete sich drunten die Bucht. Es war die Bucht von Timbakion, der Aufgang der Messara. Aus dieser Bucht hob sie sich mit leisen Steige-Tritten empor, Meile um Meile hinauf und hinein in das Land, eine Straße für Könige.
Wie eine Tenne auch. Denn Kornfelder unabsehbar dehnten sich hin, lang schon geerntet, und kupferbrandig und rostrot glühte das Tal. Die Berge hüben und drüben hüllten sich ein in süßviolettem, abendlich frommem Schein.
Doch auf dem terrakottenen Grund, der von hundert Sonnen geglüht war, rieselten dunkelstille Oliven. Zehntausend Wipfel ordneten sich zu Hainen, lösten sich wieder, seidigen Glanzes, hingebreitete, altedelstumpfe Gobelins, und reichten hinab bis zum Saume des Meeres.
Denn das war das Schönste an diesem ewigen Bild: der Ufersaum, der lässig und doch voll Zucht dahingeworfen war, wie der Sämann die Frucht hinwirft in gemäßigtem Schwung. Der Ufersaum, ein köstlicher junger Mond, aufgehangen zwischen zwei Bergketten am Rande des Abendlandes, andächtig benetzt von weißlichem Schaume, und fein und klingend und dünn, wie der Rand einer Schale.
Ein Trinkrand des Erdteils.

Das also, dies also hier, diese köstliche Lände war's, wo Europa, die Zeusgeliebte, das Festland betrat. Der weiße kretische Stier, in den der Gott sich verwandelt hatte zur sinnbildlichen Ehre der Insel, hatte sie aus Phoinikierland entführt und trug sie nun auf dem blauen Meere heran. Hier ward das unglückliche Mädchen von neuem geboren, hier unter den Ölbaumwipfeln im Frühling — die Erde unter den silbernen Kronen war von Millionen rötlicher Anemonen betanzt — begann ihr Leben zum zweiten Mal. Sie glitt vom Stiere, sie berührte den Boden, und sie sah, über sich getürmt, die Gebirge, duftend in ihren Sonnenschleiern, mildester Gewalt: den Gottesberg Ida und die anderen, die ihm untertan sind, und den einsamen Kedros, der ringsum alles verachtet. Sie sah das stürzende Tal zwischen den Bergen und die Adler, die im blaustreifigen Dunste schwammen. Der Erdteil sang, ihr zum Willkommen, sein süßestes Lied.

Sie spürte unter den zaghaften Füßen das Empfangen des Tals, das aus dem Meere sich hob wie in Chören, sie blickte empor — und sie war Staunens überwältigt.

Mit tausend Silberglocken läutete ihr Herz. Als der Gott, von neuem verwandelt, in Menschengestalt ihr entgegentrat, ein Halsband aus künstlichem Gold mit blauen Steinen, von Hephaistos geschmiedet, in Händen, da ließ vor seiner strahlenden Kraft und schenkenden Milde die Jammernde ab zu klagen, und die Fassungslose gewann wieder Mut. Dem Gott zur Seite, dem Gott im Arm schritt sie das Tal em-

por im duftenden Wind; vergessen war, was dahinten blieb.
Sie widerstrebte nicht mehr. In dem Wipfelgeäst einer großen Platane bei Gortyn, am blinkenden Flusse Elektras war das Brautbett bereitet.
Als Herbergslohn verlor der Baum hinfort seine Blätter nicht mehr, und noch heute heißt, der vergessenen Sage getreu, das Dorf an der Straße von Gortyn, dort, wo sie das Bachbett quert, Platanos.

Märchen voll heitrer Bedeutungskraft! Wirklich ging hier Europa auf, das Leuchtgestirn, an dessen Licht wir uns sättigen unser Leben lang und dessen Schicksalsbahn, wie sie auch sei, die unsere ist. Hier an dieser goldenen Bucht empfing der Erdteil vom Osten den Pflanzkeim, den er hegte zur ersten Blüte, die märchenhaft war, und die sich nun, da das Gestirn sich neigt, wiederfand: die minoische Welt.

GORTYN

Wenn man vom Meere her kommt, liegen in der sonnendurchzitterten Messara zuerst Hagia Triada und Phaistos, minoische Ausgrabungsstätten, und dann, drei Stunden weiter zu Fuß, die Ruinen der griechisch-römischen Stadt Gortyn.

Was von Gortyn noch da ist, ist fast nur das Späte, das Römische. Die Stadt muß sehr groß gewesen sein. Weit unter die Ölwälder und über die Höhen am Talrand sind die Trümmer verstreut. Da sieht man Mauerstücke, die, wenngleich zerbrochen, dennoch die Oliven hoch überragen, einen Tempelgrundriß, die Grundmauern eines Palastes, die Tiefen eines Bades, die Sitzreihen eines Theaters und, gelbleuchtend im Abend, die Apsis einer pompösen Christenkirche, die aufrecht blieb und sich meerwärts öffnet wie ein lauschendes Ohr. Bildhauerei aus römischer Zeit steht allenthalben unter Olivenbäumen, und Reste von Bogen oder Gewölben gibt es in Menge, da das Gespannte ja haltbarer ist als Mauerwerk, das nur auf sich selbst und der eigenen Schwere beruht.

Flachziegel und Feldsteine, die mit viel Mörtel zu einem Mauerganzen vereint sind, verraten die späte, römerzeitliche Art; denn während die Griechen Stein dem Steine anfugten, waren die Römer Bäcker von Mauern, da wird zusammengebracht, was will und was nicht will, da wird der Stoff nicht mehr gefragt und nicht mehr der Wille des Teils; alles ist recht, wenn es dient.

Es zeigt sich das Bild einer bedeutenden Stadt, der größten zu ihrer Zeit auf der Insel. Es mag sich dort wohl bequem und weiträumig gelebt haben, und das Herrenhafte steht selbst den kärglichen Resten noch an der Stirn.

Aber es ist wenig Geheimnis und wenig Urgrund in dem, was noch da ist. Von dem einzelnen Stein und der einzelnen Mauer geht wenig aus; ich fand nichts, was mich ergriff. So ging es mir früher nicht vor Römischem, weder in Regensburg noch in Trier. Hier aber in diesem Lande wird man empfindlich für das, was Rom und Griechenland trennt. Ich sehe lieber einen einzelnen griechischen Quaderstein, als die ragenden Trümmer eines Römerpalastes, mögen sie noch so stolz gegen den Abendhimmel stehen, wie sie es in dieser orangefarbenen Stunde tun, und die Säulen, die überall in die Raine verbaut sind oder vom Haltestrick einer weidenden Kuh umschlungen, können von mir aus dort bleiben, sie dauern mich nicht. Aber im Tempel Apollons und droben am Berg, wo die Hochstadt war, sind noch Steine aus griechischer Zeit. Es sind wenig genug. Aber wie andres vernimmt man, wenn man sie sieht! Die hellklaren Kanten, sanftrauhen Flächen! Es ist nicht mehr Sandstein und Kalkstein, es ist Stoff, zum Höhern verwandelt. Atemzüge beleben den Stein, und Geist durchweht ihn, Adel fließt in ihm und Blut. Wenn man ihn begreift, so weiß man die Hand noch, die ihn gebildet, den Sinn, der ihn bedacht, den Ernst und die Ehrfurcht, die ihn, vor Höherm sich beugend, dem Tod und dem Stoffe entriß.

Was soll mir dagegen Bauwerk, das keine andere Gesinnung zeigt als Herrschsucht und Prunksucht und kolossalen Geschmack? Schließlich, in diesem Lande zwei Jahre zu leben, ist nichts als eine Schule, das Echte zu spüren, das in kargem Gewande einherkommt, das Unscheinbare zu ehren, das eine heimliche Krone trägt und die Armut, die, seliger Schönheit voll, auffliegt in geflügelte Weiten und Höhen. In diesem Lande zwei Jahre zu leben, ist eine Schule der maßvollen Maße und der menschlichen Grenzen in allem Gelebten und allem Gebauten.

Der Baugrund von Gortyn ist groß und weit, und längst nicht alles ist ausgegraben. Überall auf den Feldern, wo man gräbt und auch wo der Krieg im Boden gewühlt hat, kommt Altes zum Vorschein. Landwirtschaft und Archäologie sind gegeneinander nicht abgegrenzt. Unter Oliven weiden die Rinder an römischen Säulen und lagern im Schatten von Mauerruinen, im Kornfeld stehen die Schwibbögen römischer Kaufgewölbe. Weinfelder reichen bis an die Basilika, und im Theater am Hang des trockenen Bachbetts ist jetzt ein Schafpferch. Es ist wie zu Goethes Zeiten in Rom, als das Kapitol noch von Ziegen beweidet war und Monte Caprino hieß und Triumphbogen und Säulen noch halb in der Erde waren, was nach alten Stichen zu urteilen oftmals malerischer aussah als nun, wo sie freigelegt sind.

Wer sich hier ein Haus oder einen Stall baut, nimmt sich Hausteine der Römer. Der Arzt von Aji Deka hat sich in seinem Haus eine Treppe gemacht, die landesüblich außen ins erste Stockwerk führt und die aus lauter römischen Kapitellen besteht, immer eins übers andre gesetzt; man steigt über Marmorplatten, die ehemals vielleicht das Dach eines Tempels trugen. Im Hof steht ein Sarkophag mit Stierköpfen und dient als Waschtrog, ein eisernes Abflußrohr ist ihm eingebohrt, und der große Familientisch ist eine riesige Steinplatte, die einst den Boden des Prätorenpalastes bedeckt haben kann, und der Fuß eine römische Basis. Mein Gott, warum nicht. Die Römer wären die ersten gewesen, die Altertümer in ihre Landhäuser verbaut hätten, wenn es die Mode gewollt hätte.

In Aji Deka ist es nicht einmal das. Keines der ärmlichen Häuser ist ohne römischen Stein. Aber nicht aus Liebhaberei. Der Bauer und auch der Arzt sieht in dem römischen Stein nichts als den Stein. Billigeres und Geschickteres kann es ja gar nicht geben als das Antike! Marmor ist selten auf Kreta, und hier ist er geschenkt. So sind die praktischen Römer geschlagen von den praktischen Kretern von Aji Deka und anderswo. Der Altertumsfreund dagegen ist nichts als des Bauern Feind. Es kann immer sein, daß er sich für einen Stein interessiert, der in der Stallmauer viel wichtiger ist. Außerdem wühlt er die Felder auf. Wenn er dann wieder abzieht, gottlob, schüttet man's zu, und im nächsten Jahr ist es wieder Acker, und keiner weiß mehr, was drunter ist.

Solang ich in der Nähe von Gortyn war, ich hauste auf dem Staatsgut von Ambelusos, stieg ich des Abends oft auf die Höhen, die die Messara begrenzen. Dort oben stand ein Kapellchen, es blinkte zuckerweiß auf dem braungoldnen Berg, der von Sommergluten verbrannt war, so daß nichts Lebendiges mehr auf ihm wuchs. Das kleine Gotteshaus leuchtete weit übers Land, als wäre es überaus wichtig. Es zog mich mit seinem Schimmern jedesmal an, und ich stieg die Stunde hinauf, wo sonst niemand steigt in den ermattenden Hochsommertagen. Auch dies war ein Traumbild des griechischen Lichts, das alles erhöht und aus jedem Nichts ein Wunderwas macht. Jedesmal nahm ich mir vor, nicht überrascht zu sein, wie kärglich und arm es war, und jedesmal war ich's dann doch. Denn es war nur ein kleiner Gottesschuppen, so klein, daß ich mit der Hand ans Dach fassen konnte, und das Weiß des Gemäuers war gar nicht weiß, sondern schlecht, und drinnen war wie gewöhnlich nichts, höchstens ein Bauern-Ikon. Wie aber glänzte es über das Land!

Ich habe es nie bereut, wenn ich droben war. Nie hab' ich ein Land in so altem geläutertem Golde gesehn wie die Messara von dort, wenn die Sonne ins ferne Meer bei Timbakion fiel. Die kleine Insel schwamm draußen im goldenen Meer, die Ida-Berge standen im Stahl, und von draußen schoß es Blitze von Gold übers Tal, schräge Blitze von Altgold aus Wolken über die rötliche, bräunliche Erde.

Ich habe nur einmal vorher eine ähnliche Landschaft gesehen, aber es war eine gemalte, von Claude Lorrain, ein Hafen im Abendlicht: es war genau das Goldüberstäubte, ein altgoldblinkender Schatz unter Spinnwebenhauch, der ihn noch kostbarer machte, und Goldstaub erfüllte den ganzen Abend, die ganze Welt. Bräunliches Gold, schlafendes Gold wie Klang tiefer Geigen.

Nur das dunkle, stumpfe Grün der Olivenhaine hielt sich neben dem Gold und war gleich edel und wert, der köstliche Teppich. Das lautlose Flüstergespräch des Ölbaumgefieders war, als spräche es Verse im Abend. Denn jeder Baum hat sein Eignes: die Linde das Lied, der Tannenwald den Choral, aber beim Ölbaum sind es leichtfüßig hüpfende Verse.

So lag denn das Land von Gortyn unten im Tal, und während ich abstieg, versank es weiter im Dämmer. Nur ein paar schwarzhohe Zypressen über den römischen Mauern. Der Ölwald hatte das einzelne in seine Gewebe genäht, und so war's mir auch lieber. Die Wissenschaft fördert viel, was sie überschätzt, und weiß viel, was nicht wert ist, gewußt zu werden. Was nicht ins Erlebbare mündet, mag drunten bleiben im Boden. Ich bedauere es wie viele, daß sich die Wissenschaft den frei geäußerten Strom der Bewunderung und das flammende Gefühl verbot, wie es zu Winckelmanns Zeiten noch üblich war. Kommt es daher, daß das letzte Jahrhundert, das in Ausgrabung und Forschung so glücklich war, so wenig neues Erlebnis herzugebracht hat? Wie mächtig war früher Dichtung und bildende Kunst vom Altertume bewegt, und wie waren die Sagen der Götter allen vertraut, so daß die Geschichten der

Bilder allen geläufig waren, die jetzt in den Galerien lang nicht mehr allen Gebildeten verständlich sind.

In einem Weinacker unweit der Landstraße, am trockenen Bett des alten Baches Lethaios und nahe bei einer Mühle liegt das römische Odeion. Die steinernen Sitze des Halbrunds sind noch erhalten. Im äußeren Ring darum läuft ein Gewölbegang, der halb eingestürzt ist und halb wieder aufgebaut. In die Wand dieses Ganges sind große Schrifttafeln gesetzt; es ist eine Fläche, die abzuschreiten man wohl zwanzig Schritte braucht, in Lesehöhe, schon von den Römern als Altertum so bewahrt. Es sind Rechtstafeln der alten griechischen Stadt, des dorischen Gortyn, ein höchst bedeutendes Denkmal.
Mit einem Mal stehe ich wieder am Quell, von dem ich so oft schon getrunken. Da ist es wieder, das Wunder beseelten Steins, da ist es wieder, das Griechisch-Geliebte.
Ich versuche zu lesen, aber meine Kenntnis des Inschriftenwesens reicht bei weitem nicht aus. Nur hie und da fügen sich Worte zu einem bekannten Klang. Ich bemerke, daß Worte und Sätze nicht laufen, wie wir es gewöhnt sind, sondern in fließendem Schlängelbande, so daß eine Zeile rechts oben beginnt hinüber nach links, die folgende aber in Spiegelschrift vom Linken zum Rechten zurück.
Bleibt mir der Sinn der vieltausend Worte so auch

verschlossen, so öffne ich mich um so freier der Zier und der Schönheit der Schrift. Anfangs konnte ich gar nicht glauben, daß die Tafeln so alt sein sollten. Während ringsum das Römische ruinös und altverbraucht wirkt, abgetan und zernagt, glänzt hier die ewige silberne Jugend.

Wie ist es möglich! Die Buchstaben, zweieinhalb Jahrtausende alt, sehen aus, als seien sie gestern dem Stein eingemeißelt. Sie strahlen vor Frische und Modernität. Sogar der Stein, porös und narbig, dabei eisenhart, wirkt, als habe ihn ein neuzeitlicher Architekt nach unserem Geschmacke gewählt. Die Zeichen sitzen so scharf und frisch, daß es ist, als höre man noch das Ticken des Meißels. Klar sind die Grate, und nichts ist verwaschen. Mit Wohlgefühl tastet der Finger die Schärfen nach.

Ach, wie wußten sie alles, wie waren sie überall Finder und Treffer und Meister! So gültig die Buchstaben dem Steine eingegraben sind, so wußten sie doch, es müsse der Schrift etwas Flüchtigkeit beiwohnen, ein Momentanes, die Schnelle des Gedankens zu bewahren. Die Zeichen eilen und fliehen, und keines gleicht in der Wiederkehr völlig dem andern. Das macht diese Schrift vollkommen, das gibt diesem redenden Stein den pochenden Herzschlag. Jedem der Zeichen ist der gleiche Raum zugeteilt, immer dasselbe Quadrat für die schmalen und breiten, aber im vorgesehenen Felde gibt sich ein jedes im freien Spiel. Dies ist nun Recht und Gesetz. Aber wo ist in diesem Bilde die Drohung, das Starre, der finstere Ernst?

Wenn etwas, so ist dies monumental. Aber es kommt auf Taubenfüßen einher.

PHAISTOS

Der Lastkraftwagen, der mich auf der heißen Straße von Aji Deka nach Timbakion auflas, hielt am Fuße des Hügels an, der nach der Karte die Ruinen von Phaistos trug.

Ich durchschritt einen munter fließenden dünnen Bach; Kinder planschten darin. Es ist der Fluß der Messara. Dem dankbaren, ehrbereiten Auge der Alten schien er bedeutend genug, daß sie ihn Elektras, den Hellglänzenden, nannten mit vergrößerndem Liebesblick. Zu Lob und Dank des Willkommenen allzeit gestimmt, haben sie vieles Kleine im Ruhme erhöht und beschämen so unsre Erwartung, die sich wunder was vorgemacht, und unsern Dank, mit dem wir bei reicheren Gaben sparen.

Ist das ein Nerv der griechischen Art? Ich glaube. Mir fällt eine heimatlich bayrische Redensart ein. Sie schauen hinein wie in einen goldenen Kelch, sagt man dort von den Liebenden. Ich hege diese hübsche Wendung sehr nah am Herzen, weil sie nicht nur den entzückten Liebesblick meint, sondern auch den veredelnden Widerschein, der von so verklärendem Schauen auf das Antlitz aus dem goldenen Spiegelgrunde zurückfällt. Vielleicht war es so, daß die Griechen in die Welt hineinsahen. Wer aber möchte zu einem Liebenden sagen: Narr, dein Blick übertreibt? Keiner wagt es, jeder verstummt.

Ich lief querfeldein durch einen Weinberg. Oriste, kyrie! zu dienen, Herr! Schallte es alsbald aus dem Rebenlaub, und ein Alter fand sich heraus, das Son-

nentuch um den weißen Kopf, und hielt aus gefüllter Bütte eine Traube empor. Welch eine Traube! Blauschimmernd, opalen, mächtig und groß lag sie mir als starkes Gewicht in der Hand. Ich pries sie, da schien er belohnt genug.
Ist dieses Land nun arm oder reich?
Ich schritt ohne Weg den Hügel hinan. Ein Feigenbaum, der in glühender Sonne sich wohlfühlt, strömte mir seinen süßlichen Würzduft entgegen, den seine Blätter verdünsten, so daß man ihn, den magischen Baum des Ostens, auch im Dunkel der Nacht und hinter Gartenmauern verborgen vernimmt.
So empfing mich die Höhe, auf der Phaistos liegt.
Wer in der Messara nach dem Juwelenpunkte suchen würde, wo sie am geschmücktesten ist, der müßte von selber auf den Hügel von Phaistos verfallen. Aus der in Anmut hingebreiteten Ebene faltet sich in der Mitte ein Höhenzug auf, mitschwingend mit den Gebirgen zur Linken und Rechten. Hier ist es, daß sich das seidene Tuch des Tales zum Bausche rafft, der das Geschmeide trägt. Da liegt, landeinwärts schauend, nicht hin zum Meere, das Schloß.
Es war gegen Mittag, als ich das Ausgrabungshaus, das die Italiener sich bauten, betrat. Es liegt etwas oberhalb der Ruinen. So blickt man aus schön beschatteter Säulenterrasse, umgeben von kühlendem Stein, über die Burg hinweg auf die ölbaumüberperlte Ebene und den süßen Zusammensturz der Linien in der blinkenden Weite des Tals. Sonnendunst zittert empor.
Die Vorsicht dieses gewählten Platzes von Phaistos

ergreift. Beim Durchschreiten der Mauern, deren unteres Geschoß noch brust- oder haupthoch erhalten ist, setzt sich der Eindruck gefühlter Maße, besonnener Räume, hoher Gesittung fort.

Phaistos ist ein Palais. Nur diese Bezeichnung paßt; weder Burg noch Schloß noch Palast. In dem Vielerlei der Gelasse ist kein wehrhafter Raum, nichts, was an eine Festung erinnerte. Die Fürsten jener Zeit müssen sich völlig beruhigt und sicher gefühlt haben, auch nahe am Meer; die Insel muß durch Jahrhunderte ein gefestigtes Friedensreich gewesen sein. Die Schwesterbauten von Phaistos, das mehr als anderthalb Jahrtausende vor Christi Geburt und mehr als tausend Jahre vor Ankunft der Griechen entstand, sind Malmaison, Trianon — nicht das kolossale Versailles — Sanssouci oder Villa Madama bei Rom oder die mildesten unter den Schlössern an der Loire und am Main. Da ist kein Raum und kein Stein dem falschen Anspruch geopfert. Da ist alles voll königlich eingeborener Würde.

Mild in den Maßen, beruhigt in der Lage, anmutig und geistvoll dem Genusse zugewandt — so ist dies Schloß, wie es die Phantasie sich aus den erhaltenen Trümmern erbaut.

Mit welchem Takt und welchem Gefühl war dieser Sitz der göttlichen Landschaft anvertraut, dem Hügel, der ein Berg zu nennen wäre, wenn ihn nicht die viel gewaltigeren rings umschirmten! Dies ist, bei allem Verlorenen, unverloren auch jetzt. Das Tal liegt wie einst im Dunste der Morgen und im goldenen Mondglanz der Nacht, hingeschenkt.

In seine zwingende Milde schmelzen die Berge dahin.

Klein sind die Räume von Phaistos. Aber das überrascht wohl nur den, der die Maße verlor. Alle minoischen Räume sind klein, alle griechischen maßvoll, so wie es die unseres Mittelalters auch sind. Was hätten die Menschen jener Zeit auch dazu gesagt, daß sich die Bürger einer Stadt, wie's nun schon lange üblich ist, Paläste bauen, in denen sie nicht die Herren sind und die sie zu vielen bewohnen, hineingeborgt?
Einst gewiß nicht das Wichtigste, jetzt aber das Beste des Hügelhaupts, ist die Treppe von Phaistos. Damals war sie nur der Aufklang zu dem Palaste mit all seinen Wundern; er erhob sich wohl drei Stockwerk hoch über ihr. Das ist nun vorbei. Nur sie, nah der bergenden Erde, verblieb.
So müssen wir uns an sie halten. Wir können es wohl; denn wenn etwas Geschaffenes gut ist, so ist es in all seinen Teilen gut, und der Teil geht fürs Ganze. So ist's mit der Treppe, die da ist, und dem Palast, der zerfiel.
Wer diese Treppe einst überschritt, der eilte nicht. Wer diese Stufen unternahm, der hatte keinen schweren Gang und keine schweren Schuhe. Er trug seinen Körper leicht und beherrscht, und wenn er Schritt für Schritt bemaß, so schmeckte er das köstliche Hinan; sein Fuß vermählte sich dem Stein. Der

Stoff ist dienend, aber der Mensch dient ihm wieder
voll Demut und Ernst. Der Geist schmiegt sich in
eins mit dem, was er schuf.
Könige, deren Würde uralt ist, angeboren und ihnen
vertraut, konnten so bauen.
Zwölf Stufen sind es, zwölf vornehme Schwestern,
die sich die Hände reichen zum allmählichen Empor. Jede ist nur gering über die andere erhoben,
und jede ist in sich eine Schräge, so wie auch die
Mündung zuoberst nicht ein Ebenes ist, sondern ein
letztes geneigtes Empfangen. Zu beiden Seiten ist
die musikalische Leiter bewehrt von festklaren Quadern, damit das Ganze nicht zu weich und schmelzend sei.
Ich gedenke der schönsten Treppen, die ich in meiner Erinnerung finde, und es ist keine unter ihnen,
deren Aufwärtsgeleiten mir lieber wäre: die Spanische Treppe in Rom und die des Pillnitzer Schlosses,
die aus der Elbe emporführt, die in Salzburg, in
Prag im Garten zum Hradschin hinauf, und die verehrteste unter den bürgerlichen: die im Haus Goethes zu Weimar. Doch sammelt sich in jenen die
Weisheit und Süße einer alten Kultur, und diese
hier steht wunderbar in der Morgenröte.
So begann denn das Abendländische mit Grazie —
denen zur Lehre, die Grazie für etwas Weiches halten, das dem Manne entgegen ist. Grazie ist Höchstes in Körper und Geist, Spannung voll Zucht und
Natur, Gesinnung der Degenklinge und, wie beim
Tier, Prägmal der Edlen, Vorrecht der Angeburt
und der Rasse, die gut ist.

Auf derselben Hügelkette in der Messara, an deren landeinwärts schauendem Hang Phaistos liegt, aber am andern Abfall dem Meere zu, gibt es noch ein Palais aus minoischer Zeit. Es ist nach der nahen Kapelle der Hagia Triada, der Heiligen Dreieinigkeit benannt.

Hier hat man den Meerblick. Das liebliche Schloß, oder soll man sagen: die Villa, liegt kaum überm Tal, nur soviel erhoben, daß man zu dem Götterblick, den man von hier aus hat, ein wenig gemahnt wird: Sieh, welch ein Tal! Das Meer am Strand der Europa glitzert wie Silber, kaum zu ertragen. Vom Bach her wachsen die Gärten, Melonen und Wein, bis dicht an den Fuß der Ruinen.

Ein Hüttchen steht unter Kiefern. Vielleicht soll der Wächter hier sein, aber niemand ist da. Zwei wacklige Stühle stehen herum, ein schlafender Hund, ein pickendes Huhn. Ein hölzerner Eselssattel, von Fliegen umsummt. Ein Tisch, dessen Fuß ein zerbrochener Tonkrug und dessen Platte ein Stein ist. Zikaden und Grillenmusik und das Rauschen der Kiefern im Meerwind.

Vielleicht hat das Schlößchen einem Prinzen von Phaistos gehört. Die Räume ordnen sich klar, der Grundriß ist einleuchtend trotz der drei- oder viertausend Jahre. Ein entzückender kleiner Saal ist gegen Talebene und Meer hin offen, davor standen zwei Reihen Säulen, man erkennt noch die Gründung. Eine Schattenterrasse also. Drinnen läuft eine niedrige Steinbank die Wände entlang, alabastern verkleidet. Da sitzt man und schaut. Am Eingang

eines Schlafgemaches stehen zwei hochfüßige Lampen aus Stein.
Mannshohe Krüge aus Ton, gültiger Form, herrlich gebaucht, scheinen sich selber der Fülle des, was sie bargen, lachend zu freuen. Mit ihren sechs Henkeln, an denen sie einst wohl sechs Männer hoben, stehen sie da seit viertausend Jahren, vollkommen frisch, als ob sie diesen Tag noch die Frucht des Tales erwarteten.

Auf den Höhen ringsum, an den Hängen des Hügels und unten im Tal lag Phaistos, die spätere griechische Stadt; man hat noch die Spuren. Hier war der berühmte Epimenides geboren, dem die Götter das seltsame Schicksal zusandten, siebenundfünfzig Jahre rein zu verschlafen. Als Bub zog er aus, die Herden des Vaters zu hüten, in einer Grotte am Berge schlief er im Mittag ein, um ihn war noch Gebimmel der Ziegen, und als er sich wiederfand am Abend, nicht weiter verändert, doch wohl geruht, nur etwas versäumt, ein Knabe wie erst, und hinabstieg ins Dorf — da waren Vater und Mutter lang, lang gestorben, der Hof verändert, der Bruder ein alter Mann. Kein Wunder, daß er da weise wurde und von geheimer Kunde erfüllt, berühmt in ganz Hellas — ausgeruhten Kopfs wie er war und wie man volkstümlich zu sagen pflegt, von gescheiten Leuten.
Es wäre so übel nicht und ließe sich drüber reden zu

Zeiten, sollte einem vom Himmel ein ähnliches Anerbieten ergehen. Denn wenn wir eine Zeit überschlagen können, auch eine Nacht nur voll glücklichen, tiefen Schlafs, so loben wir uns, sinken mit Freuden dahin und fallen mit Lust in die tiefschwarzen Schächte, im Glück, außer uns zu sein.

Auf den Fliesen des Schloßhofs von Phaistos, der jetzt eine Terrasse ist hoch überm Tal, weil die umfangenden Mauern gefallen sind und die Säle, Gemächer, Gänge, Balkone dahin — auf dem Schloßhof von Phaistos wehen die heißen Winde bald vom Meere herauf und bald von den fernen Gebirgen die Gasse des Tales hinab. Atemziehen ist immer, in den Gluten des Mittags, wenn die Ebene daliegt im braunrot Gebrannten, das echt und edel aussieht wie die alten Vasen aus Ton — in den Abenden, wenn die Rinder schwer über die Wege schreiten und die Fernen sich violett überstäuben — in den Morgen, wenn der glühende Feuerschlund über der Messara aufgeht und schon Augenblicke danach tötende Pfeile versendet — in den Nächten, wenn der fahlblaue Himmel mit halbem Mond das Weite überwölbt und die Ölwälder silbern rieseln.
Auf dem Schloßhof von Phaistos stand ich an einem Abend Ende August. Über den Resten des Mauerwerks schwang sich die Kette des Ida, opalenblau überhaucht, eine Zypresse schob sich ins Märchenbild. Mit einem Mal war da ein zwitschernder

Schwarm — das sind doch Schwalben! Schwalben aus Norden!
Sie blieben zur Nacht auf dem Hügel, vorm Weiterfluge nach Afrika übers Meer.
Ach, was brachten sie mit im Gefieder! Dörfer der Heimat und Holzfeuerrauch, feuchte und saftige Wiesen, Sommerregen und Moosgeruch, dunkle Wälder, rinnende Wässer mit Mühlen und Morgengewölk, das über Gründen aufdampft. Wo war ich nun? Wie war es möglich, daß ich zugleich das liebte, dies trockene Land, das ewig dürstet, die lechzende harte Erde, auf die man sich niemals hinlegen kann, weil immer nur Disteln sind, immer nur Steiniges, Dürres und Kahles, wo kein einziger Grashalm ist und sieben Monate kein Tropfen vom Himmel! Was für ein Abenteuer des Leibs und der Seele!
Einmal, dreizehn Monate ist es her, fuhr ich nach Haus. Es war Juli, ich flog. Die Ebene von Athen war ganz und gar verbrannt, der Flugplatz eine riesige gelbrote Blöße von Sand. Wenn die Maschinen starteten, sah man kilometerweit riesige rostrote Wolken.
Wir flogen über verdorrte Gebirge, über den Helikon, den Parnaß, das Bergland von Lokris. Alles war namenlos öde und kahl. Vom Flugzeug aus schien das eine Mondlandschaft zu sein, oder wie nach einer Weltkatastrophe, die diesen Planeten alles Lebendige gekostet hatte.
In Rom fand ich Nachricht von meiner Mutter, sie sei nicht zu Hause, sondern im Gebirge in Vorarlberg, im Brandner Tal unter der Scesaplana. Ich

fuhr mittags mit dem Zuge weiter nach Norden, vor Bozen begann es zu dämmern. Nach Mitternacht stieg ich in Innsbruck aus, bekam gegen Morgen einen Zug der Arlbergbahn und war am Vormittag noch in Bludenz.
Ich hatte, ohne es recht inne zu werden, die Breiten gewechselt und war auf dem Zaubermantel unserer Tage im Handumdrehen aus Hellas, Hitze und Dürre noch im Geblüt, dahin geführt, wo die Heimat am heimatlichsten ist.
In Tirol regnete es. Die Berge waren von feuchter Nebelluft verhangen. Monatelang des Regens entwöhnt, schenkte mir jeder Atemzug eine unbeschreibliche Erquickung. Ohne auf den Omnibus zu warten, der erst mittags nach Brand hinauf ging, lief ich los. Jeder Schritt ward mir zum Glück. Es gab Wiesen, kniehoch, ich lief mitten durch sie. Sie troffen. Es gab blühende Wiesen, geheimnisvolles Weltendickicht für Blumen und Getier. Es gab Wald, und er rann vom Regen und quoll im Saft; in den Ästen hing Dunst. Es roch nach Rinde, nach Pilzen, nach Moos. Eine Welt von Gerüchen, an deren Dasein ich fast schon verzweifelt war, gab sich mir wieder. Es gab Straßen, die mit sicherem Zuge an den Bergen hingeführt waren. Sie waren wie neu und spiegelglatt im Nassen, und eine sichere Gelassenheit technischer Meisterschaft ging von ihnen aus. Zäune gab es, herrliche, sicher viel mehr als nötig. Die Täler schallten wider von herzhafter Üppigkeit. Es gab Kirchtürme, spitze Nadeln und muskelhafte Zwiebelknäufe, und vor einem weißgetünchten Hofe

stand meine Mutter und sah mir lange von ferne zu, wie ich die Straße heraufkam und erkannte mich nicht, denn sie dachte, Hans, ihr Sohn, müsse in Griechenland sein.

Hier war alles richtig, so wie es war. Hier war alles im Stande. So wie alles zusammengefügt war, hatte es Sinn und Verstand, war voll Ausdruck, Selbstgefühl und voll Kraft. Nicht wie dort drunten, wo die Dörfer starren vor Schmutz und fast wie Ruinen sind und alles voll Lässigkeit und alles ein müder Kampf mit dem Ewig-Kaputten. Was hier zerbrochen war, wurde eben wieder ganz gemacht.

Ich war beglückt, ich war daheim.

So wie ich beglückt bin, daß ich mich hier nun finde. Man hat ja wohl mehr als eine Heimat auf Erden. Gelobt sei jede, so wie sie ist.

IDÄISCHE ZEUSGROTTE

Von der Messara aus zog es mich noch einmal idawärts, und zwar zur Grotte des Zeus, die einige Stunden vom Gipfel entfernt nach einer anderen Richtung liegt, als ich damals war. Es ist die Grotte, mit welcher sich die Sage von Geburt und Kindheit des obersten Gottes verknüpft.

Ich stieg zunächst zu dem Gebirgsdorf Kamares auf, das hoch an den Hängen des Ida liegt als ein schönes, verwegenes Bergnest. Sein Name ist in der Welt berühmt, weil man von hier aus gewöhnlich zu einer anderen Berghöhle aufsteigt, die nach dem Dorfe benannt ist. Die Kamares-Grotte liegt oben am Mavri, einem der höchsten Gipfel des Ida-Gebirges; man sieht ihren Eingang vom Tale aus meilenweit als einen dunkelschattigen Fleck hoch an der Bergwand. Dort fand man vor einem Menschenalter bedeutende minoische Kunst.

Ich wählte Kamares als Ausgangspunkt meiner Bergfahrt.

Am anderen Morgen hing der Mond noch am dunklen Himmel, und die Luft war von einer energischen Kühle erfüllt, als wir zum Aufbruch bereit vor dem Hause standen. Wir waren vier und fünf Mann von der griechischen Landpolizei. Es fehlten nur noch die Bauern von Kamares, die von den Ida-Alpen den Käse, den sie dort lagern hatten, holen wollten. Wir hätten bedenken sollen, daß wir sie zumindest auf drei Uhr hätten bestellen müssen, um sicher zu sein, daß sie um fünf Uhr zur Stelle waren. Es verging viel kostbare Morgenzeit, bis sie alle dreißig samt ihren Maultieren auf den Beinen waren. Sie waren mit der entwaffnenden Ausrede zur Hand, wir täuschten uns sicher, es sei jetzt erst Punkt fünf. Gleich hinterm Dorf begann der Aufstieg in die steilen Halden; auf Schlängelwegen wand sich der lange und bunte Zug empor. Ununterbrochen durch Stunden Treiberrufe aus rauhen Kehlen der Männer und helle der Buben und Klatschen der Hiebe auf die Hinterteile der Esel. Nun war wieder lustig, wie jeder von den dreißig wollte, daß ich auf seinem Maultier ritt; es dauerte lange, bis alle wußten, ich sei lieber zu Fuß.

Bald zweigten wir ab vom Weg nach der Ida-Grotte, um erst zur Alm von Kamares, die weit und hoch in den Bergen lag, zu gelangen. Auch ließen wir einmal für zwei Stunden den Maultierzug an einem Rastplatz zurück und kletterten zur Kamares-Höhle hinauf. Ihr Eingang liegt nicht viel unter dem spitzen Gipfel des Mavri. Die Höhle geht weit hinein und hinab in die Tiefe des Berges als ein gähnender Schlund — wie weit, habe ich nicht ergründet. Hingerissen aber stand ich unter dem Bogen des Tors, vom Fels überwölbt. In die Tiefe, die Weite geschmettert lag die Messara da, goldüberstäubt, in bräunlicher Reife, von Sonnen gehämmert, vom silbernen Meere genetzt. Dort unten war Glut, hier oben aber war Bergwind und Kühle und göttlich erhabene Freigewalt. Niemand kennt den minoischen Gott, den sie hier oben verehrten. Aber wahrlich, es war das Haus eines Gottes wert.

Der Maultierzug, zu dem wir zurückkehrten, schob sich weiter zur Alpe Kolita in immer gedehnterem Aufstieg und Anstieg über Steingefild und Haldengeröll, weit hinein ins Hochreich des Ida. Selige Pfade über selige Höhen! Seligmachende Last und Mühe des Steigens im Licht, wenn das Blut in den Ohren saust und das Herz klopft und sich das Leibliche läutert im gesteigerten Puls! Nicht wer die Höhen nur mit den Augen ermißt und von ferne bewundert — und seien es auch die höchsten und schönsten Höhen und das ehrbereiteste Auge — kann mitreden, hier wie auch anderswo, sondern nur, wer Berge — und seien es bescheidene — selber erstiegen.

Wir waren bald eingeschlossen im Heiligtum des Gebirgs. Kein Blick mehr ins Tal, kein Maß mehr zur Tiefe; nur Gipfel unter sich in schweigsam kreisenden Ketten und Mulden in sanftschwingendem Ring. Doppelte Entrückung: in Griechenland und nun im Überlande des göttlichen Landes!

In der Mittagsklarheit, im ewigen Strömen des Lichts lag eine Kühle, die köstlich war: stählerne Kühle der Höhen, die sich nicht mehr bemißt nach irdischen Wärmegraden, die wie aus Sternenräumen hereinzuwehen scheint, Atem und Zuspruch abgeschiedener seliger Geister — eine Kühle, schmeckbar, trinkbar und labend, aber durchpfeilt von den hitzigen Strahlen der Sonne und ihrer elektrisch strömenden Kraft.

Der Zug war am Ziel. Kaum unterscheidbar vom Felsengrau, war da im Hochtal ein Steingewölb, kunstvoll-kunstlos geschichtet nach alter Bienenkorbweise aus großen und kleinen Steinen des Bergs, ohne Mörtel. Der Eingang war nur ein Mauseloch, drinnen war es stockfinster. Aber im Schein einer Taschenlampe, als wir hineinkrochen, den verwunschenen Berghort zu schauen: Käse, nichts als Käse. Es duftete gut, teils tierhaft nach Schaf, teils säuerlich frisch nach Abgelagertem und Gegorenem. Es waren wohl tausend Stück in Kegeln und flachen Laiben, ein Schatz, die Sommerernte eines ganzen Dorfes.

Sie verehrten uns einen, er war außen grau überschimmelt und innen glasig und weiß und erwies sich als köstlich. Während der Hirt, der Sommers über hier oben gewaltet hatte und nun mit heraufgekommen war, jedem das Seine zuteilte, saßen wir abseits vor einem Schafstall, rund um einen flachen Stein, der uns Tisch war und schon unzählige Hirtenmähler getragen haben mochte, er war ganz poliert, und aßen Brot, Butter, Käse und tranken mitgebrachtes Wasser von einem Quell unterwegs. Gesundes zur Gesundheit! Und wenn ich hundert kostenreich-kunstvolle Mähler, die ich zuzeiten genossen, schon längst aus meiner Erinnerung verloren haben werde, werd' ich dieses Bergmahls als der köstlichsten eins noch gedenken.

Wir schickten die Bauern samt ihren Tieren und ihrer Fracht nach Hause, indes wir anderen über einige Bergsättel und Mulden hinweg den Kampos tis Nidas suchten. Dies ist eine kleine Wiesenhochebene im Ida-Gebirge, an der die Idäische Zeusgrotte liegt. Ich war vordem im Asterusi-Gebirge einem Hirtenjungen begegnet, der vom Kampos tis Nidas war. Aus dem schwärzlichen Eingang seiner Hirtenhöhle rief er mich, als ich vorüberzog, an, lachte und hielt mir zugleich eine prachtvolle Traube hin. Ich denke, er hatte sie selbst wohl gestohlen. Er war fast noch ein Kind, hatte blondes Haar, das er mit einem grünen gerollten Tuch gleich einer Binde umwickelt hatte, und Nußaugen. Dazu rote Pausbacken, bildhübsch. Sein gefälteltes kretisches Hemd war bemerkenswert sauber. Übrigens war es geradezu lächerlich, wie sehr seine Nähe den Geruch frischer Milch verbreitete; seine liebenswürdige kleine Existenz war gewiß ganz und gar aus diesem köstlichen Stoffe erbaut.

Er stammte, wie sich ergab, aus Anoja, einem bekannten Bergdorf im Ida-Bereich, dessen Name schon aus dem Altertume bekannt ist und das in dem Ruhme steht, viel dorisches Blut bewahrt zu haben. Sommers über war er, wie die meisten aus Anoja, immer mit Herden auf dem Kampos droben gewesen. Da die Ida-Herden nun aber wegen des Bandenwesens abgetrieben waren, hatte auch er und sein Bruder zu Tale gemußt, und nun hatten sie großes Heimweh nach dort.

Der Kampos tis Nidas war für ihn das Zauberwort. Er war begeistert, daß er davon sprechen konnte, wippte im Hocken vor Freude, und seine schwarzen Augen funkelten vor inneren Bildern. Er konnte sich nicht genug tun zu schildern, wie schön es dort sei. Im Mai und im Juni sei alles grün und alles voll Blumen, und zehntausend Schafe, alle beieinander! Als ich sagte, ich wolle demnächst dorthin, wollte er mich auf der Stelle begleiten, zu Fuße, drei Tage, ins verschlossene Reich. Wir einigten uns dann nach griechischer Art auf methavrion, auf übermorgen, das heißt auf unbestimmt.

Um ihm aber wenigstens etwas zu bieten, entfaltete ich die große Karte vom Ida-Gebiet. Er war Feuer und Flamme und deutete immer wieder auf einen anderen Namen, den ich lesen sollte, denn er kannte natürlich die lateinischen Zeichen nicht. Jede Flur, die ich ihm las, und jede Kapelle und jeder Gipfelnamen rief einen elektrischen Riß des Entzückens in ihm hervor. Er sah alles vor sich. Als alle Namen erschöpft waren, wollte er noch erfahren, was die Höhenlinien bedeuten sollten, und wach und hell schien er es auch zu verstehen.

Ich sagte noch, ich habe gehört, bei ihm in Anoja gäbe es so viel blonde Mädchen. Da meinte er eifrig und ernst: bei uns gibt es die schönsten, komm, da kannst du dir eine aussuchen.

Das war es, woher mein Bild vom Kampos tis Nidas stammte. Nun also, im Nachmittagslicht dieses Septembertages, sah ich das so verheißene Wunder selbst.

Nach ein, zwei Stunden, die wir gelaufen waren, lag der Kampos unter uns da: im Kranz der Höhen eine mäßig große, ganz ebene Flur, auch jetzt im späten Jahre noch grün. Es mochte wohl eine kleine Stunde sein, wenn man ihn quer überschritt. Aber so von oben gesehen schien er kleiner; zwischen den Felsen eher vielleicht wie das ausgezupfte, hingebreitete grüne Tuch jenes Jungen.

Wir stiegen hinab. Da war unter unseren Füßen, die seit dem Morgen im Zwang der Felsen und Steine stritten, mit einem Mal weicher, schwellender Boden und filziges, moosiges Alpengras. Es war ein seliges Schreiten darüberhin. Im Freigefühl dieses Tages war das eine schönste Stunde, ein glücklicher Zauber eigener Art. Das Licht war stark und golden schräg. Ein fester Bergwind blies ins Gesicht. Klar schwangen die Linien im Rund.

Wohl war es nicht gar viel Besonderes mit dieser kleinhohen Alm. Mancher mag kommen und nicht viel dran finden, so wie es auch keine fette Weide ist, keine Matte im saftigen Gras wie unsere Bergwiesen: nur eine schlichte Gabe, sonst nichts. Auch dies auszuerwählen bedurfte es des griechischen Liebesblickes, der das Einfache erhöht und entrückt.

Wir sind nur die Erben. Aber noch haben wir teil, und das einstmals Geheiligte hat seine Kraft noch bewahrt, das Angebetete spendet zurück. Es hat noch die Krone, dies kleine, hoch hängende Reich, das mehr vom Himmel als von der Erde ist, in der Einfalt, in der einen Falte der Berge.

Sonst war alles, wie es der kleine Hirt mir beschrieben hatte. Nur daß die Flur jetzt still und verlassen war wie sonst nie, ruhend im Herzschlag schlafender Einsamkeit. Aber es war nicht schwer, mir den Kampos nach seiner Erzählung in seiner festlichen Zeit zu denken, im Mai, im Juni, wenn der Schnee von den Bergen noch bis ans Grüne hin reicht, wenn es ein wenig blüht und die Bienen von weit heraufkommen, wenn es wimmelt von weißwolligen Schafen und schallt von Rufen und Pfiffen der Hirten und vom tausendfachen Gebimmel der Herdenglokken. Jetzt lebte von alledem nur der Quell, der den Kampos erquickt, um den sich sonst wohl zu jeder Stunde des Tages die Herden drängten.

Eben dort über dem Quell ist es auch, wo in den Felsen die Grotte des Zeus in Verborgenheit liegt. Die Stelle findet sich nicht gar zu leicht — wenn das Kapellchen nicht wäre, das hier beim heidnischen Ort auf der Wacht steht, ein wenig ähnlich dem Posten, der einmal aufgestellt war, ein blühendes Veilchen im Schloßpark zu schützen und dann zweihundert Jahre lang stand, ohne Veilchen. Nun weist es dem Fremden den Weg.

Etwas ober dem Kampos liegt also die Grotte, etwas erhoben, so daß man von dort aus die köstliche Flur gerade ganz überblickt und daß sie daliegt wie eine Ehre und ein Geschenk.

Man sieht da, dicht vor dem Eingang, aber noch unter dem Himmel, einen hohen rechteckigen Block, der aus dem gewachsenen Felsen gemeißelt ist. Die Jahrhunderte haben ihn sehr zerfurcht, aber noch sind die Kanten klar, und es erkennt sich leicht: dies

war der Altar, der Opfertisch. Da brannten die Gaben der Hirten, die Lämmer, die Böcke, und der Rauch stieg kerzengerad in die reine Luft.
Dies stillste, fernste Heiligtum der griechischen Welt war ein Hirtenheiligtum, von Hirten vielleicht erdacht, so wie sie es hegten und hüteten als das ihre in ihrem Reich. Es hat sich, so entlegen, wohl niemals zu einer größeren Weihstatt entwickelt; schlicht war es und blieb's. Wenn man die Grotte betritt — es ist fast nichts davon zu berichten.
Aber was wäre in Bethlehems Stall selbst zu sehen?
Eine große Muschel im Fels. Überall aus dem Stein wachsen nickende Büschel einer weißblühenden Blume, wohl einer Art Taubenkropf. Es ist das einzige, womit sie sich ein wenig schmückt. Dann führt die Wölbung schräg in die Tiefe, nicht weit. Das ist alles. Mehr habe ich nicht erwartet, mehr nicht gesucht. Da ich die Angewohnheit habe, von Sternorten der Welt, die zum anderen Male im Leben zu sehen ich nicht hoffen darf, mir ein Unterpfand mitzunehmen — es wird mir ein bißchen viel nachgerade: ein Ölzweig aus Olympia, ein wenig rote Erde von Delphi, Wasser vom Brunnen in Eleusis, eine Scherbe, die mir ein Kind in Mykenai geschenkt, Asphodelos aus Arkadien — so lese ich mir hier eine Taubenfeder und einen Schmetterlingsflügel vom Boden und pflückte drei Stengel des hängenden Krauts und hege alles noch heute.

Vor ein paar Jahrzehnten fand sich hier allerlei. Die Grotte war längst vergessen, jahrhundertelang. Zeus sollte am Ida geboren sein, das war bekannt. Ob man einst eine bestimmte Stätte verehrt hatte, wußte man nicht. Aber wie Hirten einst den heiligen Ort gehütet hatten, so waren es jetzt auch Hirten vom Kampos, die ihn wiederentdeckten. Sie brachten dies und jenes zu Tal, man grub nach, man fand mehr: griechische, dorische Dinge, herrliche Stücke aus ältester Zeit, in Bronze getrieben, Schilde mit Löwenjagden, Schwerter und Lanzenspitzen, Dreifüße, Schallbekken und Schalen, dazu einen bronzenen Stier, das Kraftbild des Zeus und das alte Symbol der rindernährenden Kreta.

Schilde, Schwerter und Schallbecken — das fügte sich gut zur überlieferten Sage. Denn da waren ja die Kureten, die guten Geister vom Ida. Als das Zeuskind geboren war und es vor Kronos, dem schrecklichen Vater, verborgen werden mußte, waren sie es, die den Einfall hatten, jedesmal, wenn das Kind schrie, ihre Schilde und Schwerter zusammenzuschlagen mit lustigem Gedröhn. So überlärmten sie eifrig das Kindergegrein, daß es der Vater nicht höre.

Das waren die Kureten, auch sie Gestalten, wie sich's der Hirtenglaube ersinnt. Manchmal erscheinen sie drohend und schrecklich, im Grund aber sind es gute Gesellen, schönstark und hilfsbereit. Sie lehrten die Hirten, wie man den Honig gewinnt und was alles zur Wartung der Schafe gehört. Junge bewaffnete Tänzer waren sie auch. Mit dem Schwertertanz für das göttliche Kind und dem dröhnenden Schlagen der Schilde grüßten sie sonst die aufgehende Sonne.

Wenig ist in der Grotte zu sehen. Und doch, es ist nicht viel verloren. Wenn Tempel stürzten und die Dome zerfielen: hier blieb alles wie es immer schon war. Die erdenentrückte Wiese strahlt noch im selben Goldlicht des Tages wie nur je. Die Bienen, die einst dem göttlichen Kinde den Honig zubrachten — zum Dank dafür wurden sie hart gegen den Winter gemacht — umsummen das Erika, das herbstlich in den Felsen blüht, und die Wildtauben, die ehemals Ambrosia und Nektar in den Schnäbeln herzutrugen, flattern auch diesen Tag hin und wider. Der perlende Quell weiß noch sein uraltes Tröstgespräch.
Im scharfreinen Wind dieser Berge und im göttlich beruhigten Licht verschreibt sich das Herz dem Klarsten und Hellsten. Das Heilige, hier spür' ich's in stockender Gegenwart. Es fließt über die Wiese als goldener Schein, es strömt vom Gewölbe als waltendes Licht. Hier bin ich an einem Orte der Welt, wo alles anhebt, wo alles beginnt. So wars, bevor alles war. So muß hier denn jeder ein Neues beginnen.
Ich atme. Wenn so der Kristall ist, in dem einer die Welt, Menschen und Dinge erblickt und sein Eignes prüfend ermißt, wenn diese Reinheit und Kühle das

Maß bleibt — so bedarf's weiter nichts. So mag es denn gut sein.

Als wir zu Tal stiegen vom Kampos zum Dorfe Kamares zurück und ich andern Morgens allein in die weitgeöffnete Messara, die im Sonnenglanz dalag — so war es mir wie ein schmerzliches Lösen. Ich ging wie aus einem Dasein in ein anderes hinein.

Niemand hat noch ergründet, wie der Mensch sich verändert, wenn er den Ort verändert, und welche geheimen Verwandlungen da sich mit ihm vollziehen. Ist man derselbe an einem anderen Ort? Ich sinne oftmals darüber, und es erscheint mir fast zweifelhaft.

Da war, während ich hinabstieg in die Niederung, etwas, was ich verlor mit jedem Schritt, und etwas, das ich nicht wollte. Ein Strömen, das mich dort oben durchrann, blieb aus. Jede Zelle in mir wurde anders und trüber.

Niemand ist Herr über die Gesundheit, die das Dasein ihm zuträgt, und niemand weiß recht, was sie ist — nur wer sie verlor. Mir bleibt die Sehnsucht und mir bleibt das Erinnern. Wir sehnen uns dahin und dorthin, weil wir Verwandlungen unseres Selbst ersehnen; denn wir wissen, daß manche Orte die Macht besitzen, uns neu zu gebären. Die Phantasie schenkt uns auch etwas davon; aber ich habe einsehen gelernt, daß es nicht völlig möglich ist, sich durch die Kräfte der Phantasie und der Erinnerung anderswohin zu versetzen. Es ist wie im Traum: da kann ich wohl sehen und hören, aber die Gerüche des Bodens schenkt er mir nicht, schmecken läßt er mich nicht — und doch ist dies es gerade, was in mich einzieht als Atem und als verwandelnder Stoff. Der Blick nach rückwärts ist von keiner Stelle des Lebens derselbe; da ist jeder ein Opfer des eigenen Trugs. In denselben Fluß steigst du nicht zum zweiten Mal, sagt Heraklit. Morgen schon bin ich weiter gerückt und weiter verändert, bin Opfer einer anderen Stunde.

ESELRITT

Den Ida, das Tal von Asomatos und die Messara hatte ich nun als das Herz und die Krone von Kreta kennengelernt. Bevor ich von diesem Großartigen schied, wollte ich das ganze Gebiet noch einmal durchwandern. Ich überquere dabei die Insel in ihrer Gürtelmitte von Süden nach Norden, begann in der Gegend von Gortyn, verließ aber sogleich das Tal und die große Straße und schlug mich an den Hängen des Ida hin, bergauf und bergunter, von Dorf zu Dorf, bis in die Gegend von Rhethymnon und wieder zurück.

Im Gute von Ambelusos, wo ich Standquartier hatte, bot man mir dazu einen Esel an. Nun wohl: ein Eselritt also durch das Götterland! Das konnte wohl angehn.

Ich ließ mir erklären, was zur Wissenschaft des Eselreitens gehöre, denn einen Treiber wollte ich nicht dabei haben. Die Belehrung war kurz. Zse! Zse!, vielmehr Zsoi! zu rufen, wenn es vorwärts gehen solle, ein Lippen-Brr! beim Halten. Links und rechts mit dem Stöckchen zu lenken. Häufige Hiebe seien das Wichtigste. Zu fressen suche er sich selber, da brauche ich nicht viel zu sorgen. Nachts solle ich ihn gut anbinden. Das war ungefähr alles. Es sei übrigens der beste Esel der ganzen Messara. Es ging denn auch gut mit uns beiden; wir hatten nicht über einander zu klagen. Ich ritt ihn nicht viel, meinen Stern der Messara, und war es zufrieden, daß er mir mein Gepäck trug und daß er überhaupt da war mit seiner dumpfguten tierischen Nähe. So ist man nicht so allein und kann ein vernünftiges Wort mit jemandem reden.

Sonst — ich laufe wirklich lieber nebenher. Das Eselreiten ist immer noch nicht meine Sache; da muß ich wohl noch ein paar Jahre in Griechenland sein. Ich laufe gerne zu Fuß, im leichten Wanderschweiße, wie es heißt; es erhöht mein Lebens- und Liebesgefühl zur Erde, ich brauche den Boden unter den Füßen. Auch seh' ich nicht ein, was mit dem Eselreiten erspart ist. Es geht keineswegs schneller. Die Einheimischen, die wie auf dem Stuhle seitlich zum Esel sitzen, müssen ja doch, um einigermaßen das Tempo zu halten, unaufhörlich mit den Beinen schlagen. Ein richtiger Eselreiter trommelt durch Stunden mit den Absätzen gegen den rundlichen Eselwanst; es ist eine Art von dauernden Vorwürfen. Ich gebe zu, daß es hübsch aussieht, wenn junge Mädchen mit Grazie oder wenn Kinder fortwährende Strampelschläge auf die Eselfelltrommel tun. Was mich betrifft, so finde ich, da kann ich gleich laufen. Denn ich bekenne mich tätig zu Johann Gottfried Seume, welcher der Ansicht war, daß alles besser ginge, wenn man mehr ginge, und daß der Gang das Aufrechteste und Ehrenvollste am Manne sei. Sowie man im Wagen sitze, schrieb er, habe man sich sogleich einige Grade von der Humanität entfernt. Ich stimme ihm aus vollem Herzen bei. Aber, wackerer Seume, welch einen Abstand von der Humanität hättest du erst in unserem Geschlecht erblickt, welches mit Hast durch Götterländer saust! Die Windschutzscheibe, hättest du vielleicht notiert, ist die wahre Vertreibung aus dem Paradiese aller echten Reiseerlebnisse. Wer dahinter sitzt, hat sich getrennt und geschieden von allen Geschenken, die das Einfache, das Wahre, das Wandern zu Fuß beschert.

Hat man vergessen, daß Reisen eine Kunst ist, die ebensoviel an Sammlung, an Frommheit und Bildung voraussetzt, als sie sodann gewährt, und daß es ohne die Bemühung zur Antwort nicht geht? Hat man vergessen, daß jeder Landschaft ein eigener Pendelschlag einwohnt — einem Flußtal der Lauf seiner Wasser, einem Berg das Maß der steigenden Schritte — und daß sie sich abweisend zuschließt, wenn man den überhört?

In Griechenland ist es das Zeitmaß des Eselgangs, das mir am wahrsten erscheint, und so laß ich den Esel regieren und laufe mit ihm bergauf, bergab über steinige Krummpfade, über weißblendende Straßen, auf denen knöcheltiefer Staub liegt, der weiß nach den Seiten hin spritzt, wenn meine schweren Schuhe ihn treten.

Ja — meine Schuhe, mit denen ich nun schon so lange und weit durch Griechenland gelaufen bin! Wenn ich sie abends, oder wenn ich so schreibe, in meiner sonnendurchflossenen Stube dastehen sehe, belebtes Leder, wissend und treu, fühl' ich mich ihnen doch sehr verbunden.

Wären sie neu, so wäre an ihnen nicht gar viel Besonderes. Zwar ausgezeichnete Vertreter ihrer Gattung waren sie von je; ich hatte gleich viel Neigung zu ihnen, als sie mir ausgehändigt wurden. Echte

Bergsöhne waren sie, niedrig, damit die Fesseln frei
blieben, naturfarben, wie sie auch jetzt noch sind,
und alles an ihnen war doppelt, die Sohlen, die
Nähte, so wie ein echter Enzianschnaps sich in der
Naturgeschichte auch niemals einfach, immer nur
doppelt ereignet. Das Gebiß ihres Nagelwerks war
vollkommen wie das Gebiß eines Tiers.
Was aber sind neue Schuhe! Eine Hoffnung, ein
Versprechen, sonst nichts. Sie jedoch — was haben
sie erlebt! Um keinen Preis der Welt möchte ich sie
vertauschen. Wenn ich sie halte, spüre ich alle Wege
fließen und ziehen, die ich mit ihnen lief. Ich spüre
die Felsensteige oberhalb Delphi, ich spüre den
Sandstrand bei Nauplia, ich rieche den Majoran am
Hügel von Mykenai, in dessen Gewucher sie ganz
verschwanden, und ich höre die quellklaren Bergbäche
im Tal des Eurotas, durch deren kieselblanke
Gewässer ich mit ihnen schritt.
Wohin werden sie noch zu gehen haben?
Sie machten Aufsehen in ganz Griechenland. Nicht
mir galten die Blicke in Dörfern und Städten, auf
Straßen bei Bauern und Hirten: sie waren es, die
Bewunderung, Ehrfurcht und Neid erzwangen. Wohin
immer ich mit ihnen kam, wirkten sie magisch
auf alle. Die Köpfe und Augen wanderten mit, auf
sie gebannt, von dem Moment an, wenn ich erschien,
solang ich vorüberging, bis ich verschwand. Wer
solche Schuhe hat, dachten sie alle, deren Füße in
jammervollem Lederzeug steckten, das klaffend und
rissig aus allen Nähten sprang, wer solche Schuhe
hat, muß gut mit den Göttern sein.

Und aufseufzend sprach es aus tausend Mündern tausendmal voller Sehnsucht und Neid: kala paputsia echis! Was du für Schuhe hast!

In der Messara gilt immer noch, ehemals wie heut, das Cherete! freue dich! und es beglückt, hunderte Mal des Tages mit diesem schönsten Gruße der Welt gegrüßt zu werden. Besonderer ist das Kalos orisate!, das einem beim Betreten des Dorfes oftmals geschenkt wird. Es bedeutet Herzlich willkommen, und ich bin nun genügend eingewohnt, um darauf antworten zu können: Kalos sas vrika! gut find ich dich vor.

Es kam mir, während ich so an den Hängen und Falten des Ida entlangzog, auf die kürzesten Wege nicht an. Solang das Gebirge, das ich umkreiste, sich türmend zur Rechten erhob und zur Linken die tiefen Blicke blieben ins Tal, war es gut. Wir hatten Zeit, mein Esel und ich, und die Mühe war uns köstlich — wenigstens mir. Ich hatte kein Ziel, als das ich mir setzte, und der Esel gar keins. Wer mich gefragt hätte, welcher Wochentag es sei und welcher im Monat, der war mein Feind.

Einmal im glühenden Hochmittag saß ich nah einem Dorf an einem Quellbrunnen auf glattgesessenem Steine. Der Esel stand im Schatten einer Platane. Hinter der Mauer wuschen die Frauen in steinernen Trögen.

Ein Bauer kam auf einem Maultier daher, groß, jung und stattlich. Er stieg ab, das Maultier soff. Bald kam ein zweiter, ein dritter, dann waren es fünf. Wir hatten ein gutes Platanengespräch. Schließlich hatte der erste eine Idee. Ich sollte mit zu ihm kommen, er lasse Berghühner braten. Alle vier anderen zogen mit.

Der schwärzliche Hausraum war gegen die Straße zu offen, der Vorplatz beschattet von Weingerank. Die Einrichtung bestand aus einer Bank, drei wackligen Stühlen und einer uralten Europakarte, auf der alle Namen seltsam vergriechischt waren. In der Ecke war der Küchenkamin, der Boden war Lehmgestampf.

Der Proedros, der Schultheiß des Dorfs, fand sich auch noch ein. Er trug die blaugestickte Kreta-Weste, das geriffelte weiße Hemd und die Pluderhose. Sie nahmen ihn nicht sehr ernst.

Die Einladung begann mit Raki, dem kretischen Treberschnaps. Sechsmal mußte ich is igian, zur Gesundheit Bescheid tun. Dann fiel es dem ersten ein, mir kali patrida, glückliche Heimkehr ins Vaterland zuzutrinken, und alle folgten. Das waren zwölf Raki für mich.

Mittlerweile wurden vier erlegte Berghühner vorgezeigt. Die Gegend ist reich daran, es waren ihrer viele vor meinen Bergwegen aufgeflattert, ich hatte sie bisher für Rebhühner gehalten. Sie waren am Quell in die Schlinge gegangen. Die Frau begann sie zu rupfen und vor unsern Augen zu braten.

Ein Tisch war nicht da, die Gläschen standen auf einem Stuhl in der Mitte. Es gab ohnehin ihrer nur zwei; ich gab fleißig acht, daß mir dasselbe verblieb, während das andere die Runde machte. Auch die Hühner, als sie gar waren, schnell und duftend gebraten, mußten sich auf dem Stuhle bequemen. Es war auch nur ein einziger Teller vorhanden.

Zu den Hühnern gab es nun roten Wein, wieder sechsmal is igian und sechsmal kali patrida. Die Unterhaltung war voller Scherze und ausgelassen, ein Wunder bei meinem dürftigen Griechisch; aber es ging. Eh ich's versah, war die Sonne im Sinken.

Der Abschied war herzlich bewegt wie nach langer Freundschaft. Sie gaben mir das Geleit bis vors Dorf. Ich hätte jedoch nicht die Hand dafür ins Feuer gelegt, daß nicht einer oder der andre von ihnen mit den Banden des Ida zum mindesten gut stand.

Gewiß war mein Erscheinen im Dorf nichts Besonderes, und meiner Bewirtung lag keinerlei Absicht zugrunde. Es war nur der Anlaß, einen Nachmittag zu verfeiern — einen Nachmittag wie diesen: voll griechischer Armut, voll griechischen Reichtums. Voll griechischer Lebensleichte, die nichts vom Dasein verlangt — was es schenkt, aber genießt in umarmender Weltlust.

Der Bauer, bei dem ich zu Gaste war, war sicher nicht besser und nicht schlechter gestellt als die andern. So wie er behaust war, sind sie es alle. Aber die Gastfreundschaft ist ein elementarer Trieb, der heftigsten einer. Auf Kreta, wo alles leidenschaftlich gesteigert ist, ist er noch stärker als auf dem Festland. Es ist einer der schönsten Triebe unter Menschen, von geradezu biblischer Macht, überwältigend in seiner aufbrechenden Güte: ganz ungemischt. Man irrte, wollte man meinen, daß er nicht rein sei, wie ich es oftmals erwog: daß vielleicht das Bedürfnis zu gelten bestimmend im Spiele sei oder etwas, das man mit den Worten umschriebe: sie kaufen die Seele des Gastes. Es ist ein Trieb, ursprünglich und rein, der uns, es bleibt zu gestehen, in dieser Kraft fremd ist. Nicht hundert-, sondern tausendmal erfahren im kleinen und großen, sammelt sich im Beschenkten viel Dank gegen das Land. Nicht immer ist einem das Gastsein gerade erwünscht, doch kann man sich schwerlich entziehen. Ich erinnere mich da der Erzählung eines Archäologen, der mir für Kreta den Rat gab, in einsamen Dörfern Einladungen möglichst nie abzuschlagen. Die Kreter seien imstande, den widerspenstigen Gastfreund als Feind zu betrachten und zu verfolgen. Für ihn selber, der körperlich nicht der festeste war, meinte er, sei das oftmals recht peinlich. Denn es liefe von Dorf zu Dorf auf eine Unzahl von Rakis hinaus, und bis er dann endlich angelangt sei, sei seine wissenschaftliche Erkenntniskraft heftig getrübt.

Während damals die Hühner gebraten wurden, dachte ich an die Küche drunten im Staatsgut von Ambelusos, wo ich während meiner Tage in der Messara zu Gast war. Es war ein großer und staatlicher Gutsbetrieb. Eines Nachmittags wollte ich uns einen Kaffee kochen und suchte deshalb die Küche. Sie war in einem Schuppen auf dem Hof. Als ich sie betrat, sah ich, daß so gut wie alle Voraussetzungen für mein Vorhaben fehlten. Wäre nicht der Kamin gewesen, auf dem ein paar Zweige glommen, und nicht drei rußige Tiegel an der Wand, so hätte nichts darauf schließen lassen, daß man sich in der Kochwerkstatt eines reichen Gutes befinde. Ich sah keine Schüsseln zum Anrühren und keine zum Abspülen, kein Wasser, kein Geschirr, keinen Eimer, kein Tuch. Als Schöpflöffel war eine alte Konservendose da, deren Henkelstiel aus gewickeltem Draht bestand. Ich ging an das Wrack eines Schrankes und öffnete ihn: mir bot sich das Bild der Vergänglichkeit. Keinerlei Vorräte waren da. Nur auf den Mienen der Kochfrau malte sich ein großer, ein unerschöpflicher Vorrat von Ergebung und von Geduld. Es war mir ein Rätsel, wie aus dem Nichts dieser Mittel täglich ein Essen entstehen konnte, das vielfältig und von ausgesprochener Kultur war. Diese schwärzliche Alte in Lumpen, unterm Kopftuch ein Lächeln und einen Demutsblick, der einer gemalten Madonna würdig war, brachte mit Nichts Gerichte zustande, die viel erfindungsreicher und viel nuancierter waren, als man es aus vielen sehr weißlackierten und apparatereichen Küchen Europas bekommt. Wie der Phönix aus der Asche entstieg diesem unsauberen Rauch- und Feuerloch von Küche täglich das Beste.

Für mich war weder eine Kaffeemühle noch ein Sieb vorhanden. Von irgendwoher wurde schließlich ein Mörser gebracht, der nicht frei von Grünspan war. In einem Kessel, der wohl hätte ein Kalb zum Sieden aufnehmen können, wurde Wasser zugesetzt. Da kein Deckel da war, wölkte der Rauch sich dar-

über hin; das Feuer wurde durch Blasen entfacht. Als es soweit war, fand sich das Halbe eines Tee-Eis aus Aluminium. Es wurde an eine Gabel gezinkt, so gossen wir ab.
Wie diese Küche, so malt sich das Bild jeder Werkstatt, jeder Ölpresse, jeder Weinkelterei. Es ist immer wieder erheiternd, wie und womit sie sich helfen. Neues machen sie bald kaputt, wie die Kinder. Aber im Kampf mit dem Ewigkaputten bleiben sie Meister.
Alle Voraussetzungen fehlen. Das bringt ins Dasein Neugriechenlands so etwas Abstraktes. Hier ist das Leben eine Improvisation.

Den Bürgermeister von Wassiliki besuchte ich eines Mittags in seinem Hause. Er war ein schöner kretischer Mann, schlank und beweglich, Klugheit im dunklen Blick. Das schwarze Fransentuch trug er ringförmig um Kopf und Stirne gewunden. Der abwärts gebogene Schnauzbart hing aufs Rasierte. In der wollenen Leibbinde steckte der krumme Kretadolch. Er war höchst angesehen im Dorf, und sein Wille galt.
Ich fand ihn im Kreise der Seinen, einer noch jungen Frau mit energischem Kinn und vier wildaufwachsenden Kindern. Der älteste Bub bot wie ein Leuchterengel beidhändig auf zwei Tellern Wein, Nüsse, Käse und Schnaps an. Ich sah das Bild des Familienstolzes und eines erreichten Lebensglücks.

Ich kannte seine Geschichte und hörte sie nun aus seinem Munde zum zweiten Mal. Er erzählte sie, als ich ihn fragte, voll Stolz und Humor und unterbrach sich durchaus nicht, als vor dem Fenster die Dorfstraße entlang im heißen Mittag ein Trauerzug kam mit lautschreienden Weibern. Denn in der vorigen Nacht war einer beim Diebstahl von zwanzig Schafen erschossen worden.

Die Geschichte aber war die: Der Mann war dereinst als Junge ein Schafhirt gewesen, ein Habenichts. Doch er liebte die Schwester des Arztes im Dorf, ein Mädchen, das schön war und reich und von guter Familie — unerreichbar für ihn. Seine Liebe war hoffnungslos.

Doch dies war der Moment, wo er sich und sein Schicksal selbst aus den Angeln hob. Er sattelte um, und wenn er bisher nur gelegentlich Schafe aus fremden Herden gestohlen, so tat er's nun planvoll. Mit Tatkraft und Fleiß stahl er sich bald einen ansehnlichen Viehbesitz zusammen. Die Liebe des Mädchens wuchs angesichts solcher Erfolge. So trat er eines Tages, kein Habenichts mehr, von neuem als Werber beim Arzte auf.

Der Arzt aber erklärte, einem offenkundigen Diebe gebe er seine Schwester erst recht nicht. So blieb nur, das Mädchen zu rauben. Es geschah. Das Paar hielt sich einige Tage in den Bergen versteckt.

In solchen kretanischen Fällen ist das Entscheidende, daß nicht nur das Mädchen, sondern diesem die Unschuld und damit der ganzen Familie die Freiheit geraubt wird, so oder so zu entscheiden. Denn

der Wert eines Mädchens nach solch einem Fall ist
gleich Nichts. Was zu retten ist, kann nur durch
schleunige Dreingabe an den geschehen, der sich das
Seine schon nahm.

Die erzwungene Hochzeit wurde gefeiert, aber die
Familie der Braut sah den neuen Verwandten nicht
an.

Nun aber, sei's unter dem Einfluß des energischen
Kinns, sei's im geweckten Stolz auf die neue Verwandtschaft, geschah mit dem Manne eine Ver-
wandlung. Er begann hauszuhalten. Drei Jahre, und
er hatte es zum Bürgermeister des reichen Ortes gebracht. Er blieb es neun Jahre, bis zum heutigen
Tag.

Die Feindschaft des Arztes begann sich zu legen,
und eines Tages schlossen sie Frieden: den Frieden
achtbarer Männer. Wessen, bei häufigem Raki, im
Laufe des Abends ich Zeuge war.

Eines Morgens, es war zwischen blaubesonnten Bergen im Tal, zog ich die weiße Straße entlang. Die
Sonne stand mir entgegen und blendete mich zwischen Ölbaumgefieder.

Da schallte mir Frauenlärm zu. Ich sah in den Win-
dungen des Weges noch nichts. Ein kleiner Zug kam
dann auf. Eine junge Mutter, die auf dem Esel saß,
im Kopftuch, ein Kinderbündel im Arm. Der Mann
nebenher.

Ich glaubte, die Frau scherze mit dem Kinde über

die Maßen laut. Welcher Irrtum aber, als sie nahe vorüberzogen! Ihr Gesicht war von Tränen beflossen, und ihr Rufen war Jammer und Klagen. Es war beinah ein Singen, immer dieselben Töne, gellend und schreilaut, und immer dieselben Gesten. Sie schlug sich vor die Stirn, sie warf den Arm weit hinaus und das Antlitz zum Himmel empor und vergrub es dann wieder im Bündelchen.
Es war eine kretische Totenklage.
Der Mann gab dem Esel antreibende Schläge. Ein wenig weiter fort stand eine Gruppe von Frauen, vom Felde herbeigeeilt. Sie weinten, die Hand an den Wangen. Das Paar, erfuhr ich von ihnen, war aus dem nahen Bergdorf Monastiraki. Es war mit dem kranken Kinde beim Arzte gewesen, aber nun auf dem Heimweg, im dämmernden Morgen, war es dennoch gestorben. So war mir denn eine traurige Umkehr des bethlehemitischen Zuges begegnet.

Der Tag stieg an und es wurde heiß. Mein Esel hatte sich schon ein paar Male in Schreien Luft gemacht, wobei immer sein ganzes Wesen in Aufruhr geriet. Die Kaskade der einzigen Strophe, die ihm gegeben ist, schallte wider im Tal. Jetzt blieb er im Schatten einer Olive stehen. Da hilft kein Schlagen und Zse!-Zse!-Rufen, ich kenne das. Ich hab' da schon oft gewünscht, er wäre auf Rädern festgemacht und einem Brett und ich könnte ihn in Gottes Namen hinter mir herziehen.

Doch ich war nicht gesonnen, einen Streit mit ihm vom Zaune zu brechen. Ich holte also den zweiten Band des Titan von Jean Paul aus dem Rucksack und legte mich auch in den Schatten auf trockenen harten Boden.

Nach Kreta muß mein Geschick mich führen, daß ich dies verehrteste Werk endlich einmal ganz und gar schmecke und koste! Ich hatte es in zwei zierlichen, fast hundert Jahre alten Bänden aus der Staatsbibliothek in Athen. Möglich, daß ich ihr erster Leser war.

Ich war bei den späten Kapiteln, in denen Albano der Jüngling seine Italienreise macht und nach Rom kommt. Ich freute mich besonders auf diese Lesestrecken, denn ich liebe Rom über alles und liebe Jean Paul über alles und hatte mir's nicht verhofft, diese zwei Lieben verbunden zu finden. Übrigens war es mir nicht erinnerlich, daß Jean Paul jemals sollte in Rom gewesen sein.

Aber es war alles deutlich beschrieben: das Colosseo und die Piazza del Popolo und das Pantheon und die Peterskirche und selbst, zu meinem Entzücken, der Gang auf Kuppel und Dach der Peterskirche, den auch ich schwärmend im Herzen trage, wo auf den weitläufigen oberen Gefilden sich plötzlich ein italienisches Dörfchen auftut, Bauhütten, kleine Wärter- und Aufseherhäuschen mit Blumenkästen und Oleandern im Kübel, und dann die großen Puppen, die Apostelfiguren des Simses, die auf den Platz hinabschauen und die man hier respektlos von hinten sieht, und hoch über allem die bleisilbrige Kup-

pel und dann der Ewigkeitsblick, über Rom, die flimmernden Dächer, die Pinien, die Hügel, die gelben Paläste.
So sah ich's nun wieder, diesmal gemalt von Jean Pauls ahnungsreich schwimmendem Pinsel, getaucht in den Himmelsglanz eines reinen und gläubigen Herzens — ich finde es wieder, hier unter dem Ölbaum, während mein Esel Disteln frißt und sich wälzt, im Geschrill der Zikaden, und drunten das Meer bei Timbakion gießt sich blau in die Buchten, und der Inselwind vom Ida herab verwandelt den Sonnenglanz in einen Glühstrom — und ich bin beschämt, daß ich es in Wirklichkeit sehe, was er, der Gnadengroße, niemals im Leben sah als nur mit dem trunkenen Wahrblick der Sehnsucht und Liebe.

Oft, wenn ich so laufe, widerfährt mir's daß ich Kaulbach, den Freund, bedränge: Helmut, das solltest du zeichnen! Er tat's meistens nicht.
Ein Jahr ist es her, daß wir in der Argolis waren, in Sparta, in Delphi, in Nauplia.
Ob man sich täuscht, wenn man hinterher meint, man habe die Schatten des Todes an einem schon vordem gesehen? Wenn er schlief, war an seinem Gesicht zu erkennen, wie weit seine schlafende Seele aus seinem Körper entwich. Ich glaube, daß das Antlitz des Schlafes ein innigeres Bildnis des Menschen ist als das Antlitz des Todes, das nur manchmal Summe und Sinn eines Lebens gibt und das

man mit geringerem Recht noch als jenes öffentlich macht.

Sein Schlafgesicht hat mich oftmals erschreckt ob seiner Verlassenheit von allem Lebendigen. Es wohnt ja in jedem Leibe das Leben verschieden fest; unter den vielen Graden und Stufen, die es da gibt, war er von allen, die ich gekannt, der Mensch, in dessen Körper das Höhere am losesten und auch am widerstrebendsten eingekehrt war. Er fühlte sich selber nicht wohl in dem viel zu wenig gesunden und langen Gehäus, in das er gebannt, und über das er nie völlig der Herr war.

Welch ein Geist aber war's! Wie alt, wie geläutert, zum Feinsten gekeltert! Wie edel! In jeder Stunde wie sehr dem Geistigen zugewandt! Wie wenig war er beteiligt an dem, was den meisten erstrebenswert scheint und was sie des Drängens und Kämpfens für würdig erachten!

Wie losgelöst und wie kindlich er war! In ihm, der aus hohen religiösen Heimaten kam, war dennoch ein vollkommenes Kind, sich zu freuen: an einem Blumenstrauß, einem Segelschiff, an der Zeichnung eines Kindes oder an einem Mädchenbild, an dem er, ein leidenschaftlicher Lober, tausend Dinge zu rühmen wußte. Oder an einer süßen Speise; denn er, der in Erscheinung und Art das spirituellste war, lebte zugleich durch die Sinne, hingegeben, in einem Maße, wie es sich nur bei Künstlern findet, zumal wenn Künstlertum familienweit hergezüchtet und ererbt ist, wie es bei ihm ja der Fall war.

Von weit her kam auch sein Wissen. Er hat die Antworten gewußt. Wußte Dinge, wo andere viel erreicht zu haben glauben, wenn sie zu fragen beginnen. Er hatte seine Einsichten nicht eigentlich selber erworben; er las nicht viel, und seine Kenntnis von Büchern und Welt war nicht eigentlich groß. Doch seine Weisheit war es.

Es war ihm noch nicht recht geglückt, seine Künstlerschaft über das Versuchende hinaus zu einer Leistung zu bringen. Erfolg war ihm fremd. Daß er bei unserer gemeinsamen Arbeit einmal endigen mußte, war ihm ganz und gar ungewohnt. Er nannte es, wenn ich ihn drängte, meine Nilpferdpeitsche, und es gab viele ernste Verstimmungen, die er hinterdrein, als seine Sache sich ründete, mit viel zuviel Dank vergalt.

Er hat viel erreicht in seinen Blättern von Griechenland. Daß einige Fertigkeit fehlt, ist eher ein Vorzug. Dafür hat es die Unschuld. Dafür ist die Lust des Ergreifens darin und das Staunen. Sie haben die Leichte des Lichts und das Karge, und in vielen liegt die ganze griechische Seligkeit.

Wie hätte es ihn weitergebracht, daß er einmal etwas von sich von der anderen Seite, vom Fertigen und Entlassenen her gesehen hätte! Das Glück, mit seinen Zeichnungen gedruckt zu werden, war für ihn im voraus eine Halle voll brennender Weihnachtsbäume.

Es zog sich lange hinaus, bis ihm von Berlin die Andrucke seiner Bilder gesandt werden konnten. Sie haben ihn nicht mehr erreicht; sein Buch hat er nicht mehr gesehen.

Nun schlepp' ich die Fracht seines Lebens und Todes mit mir. Denn die Freunde, die in der Mitte des Lebens davongehn — ihre Frachten lassen sie uns zurück.

Ich kam in ein Bergdorf zur Nacht. Mit Hilfe des Bürgermeisters hatte ich bald eine Unterkunft, die sicherlich gut gemeint war.
O Wanzen, o Flöhe! Ich grüße besonders auch euch, geschätzte Moskitos, die ihr das stillere Blutwerk eurer Genossen ergänzt durch euer Gefiepe, mit dem ihr auf den Nerven des Halbschlafs geigt!
Doch dem Jünger Johannes, dem Liebling des Heilands, ging es nicht besser als mir, dem Unheiligen, in dieser und vielen anderen Nächten. Wie seine Lebensakten es melden, erhob er sich einst, nicht minder gequält, vom Lager und sprach: Euch Wanzen aber sage ich: seid klug alle zusammen, verlaßt diese Nacht eure Wohnung, verhaltet euch ruhig und bleibt weg von dem Knechte Gottes.
Ich kannte das Dorf, in dem ich da war und war schon einmal dort gewesen, auf einer Fahrt von Ambelusos aus in die Berge. Es mußten damals Ziegen, Schafe, Esel, Schweine und eine Kuh abgeholt werden. Unsere zwei Lastwagen langten nach einer Gebirgsfahrt, wie ich sie nicht für möglich gehalten hätte, dort droben an, und nun galt es, das viele Getier auf die Wagen zu bringen. Es war schwieriger als wir uns das gedacht. Das halbe Dorf mußte

helfen. Die Schweine mußten an Ohren und Hinterbeinen von vier Leuten zum Wagen gezerrt werden; sie schrien, was immer der Hals herausließ, wenngleich es bei ihren keilförmig aufgerissenen Schnauzen und den verschwindenden Äuglein groteskerweise so aussah, als könnten sie sich vor Gelächter nicht fassen. Eine widersetzte sich gar so heftig, daß sie auf einen Esel geladen werden mußte. Sie wurde sofort still und ließ sich tragen, dumm geschmeichelt, eine berittene Sau.

Wie still und verständig schritten dagegen die Esel und die Maulesel samt ihren Füllen über die Schräge der niedergelassenen Wagenwand auf die Bühne, die doch auch ihr Schafott sein konnte, was konnten sie wissen! Und wie gelassen benahmen sie sich während der Fahrt, wo sie es doch wahrhaftig am schwersten hatten auf ihren hohen Beinen. Denn der Weg war heillos, überhaupt gar kein Weg, nur ein Pfad, und die Brücken waren kaputt: es konnte einem grausen, wie schief der Wagen oftmals am Hang stand. Auch die Kuh bewährte sich weniger und sann stets auf Ausbruch. Bald fuhr sie mir, als ich aus dem Fenster des Fahrerhauses heraus nach dem Rechten sah, mit schwarzfeuchter Schnauze voll ins Gesicht, glotzenden Blicks, von einer Kurve geschleudert; bald versuchte sie auszusteigen während der Fahrt — ich bemerkte es gerade noch, wie sie schon mit den Vorderbeinen und halbem Kuhleib im Freien hing. Am schlimmsten waren aber auch hier die Schweine und Ferkel. Von diesen hatte ich einen Korb voll mit elfen, ganz kleinen, neben mir auf dem Sitz. Sie quiekten und krabbelten ununterbrochen heraus und drohten das Schaltwerk ganz in Verwirrung zu bringen. Erst als ich darauf kam, jeweils die schlimmsten während der Fahrt eine Zeitlang aus dem Fenster zu halten und im Fahrwind zu wirbeln, wurde es besser. Indessen schrien die Alten hinten im Wagen, obgleich doch gerade sie robust genug waren, alles gut zu überstehen, während ein armes Schaf, ergriffen von soviel Ereignis in seinem einfachen Dasein, das Leben aufgab, ohne Verletzung und ohne besonderen Grund, nur aus Kümmernis.

Ich kam in die Nähe von Asomatos, wo ich zu Anfang auf Kreta gewesen war. Es ging quer über die Vorberge des Ida, vielmals hinauf und hinunter, einsam, oberhalb aller Dörfer schon. Ich lief ohne Weg durch dichtes und hohes Macchia-Gestrüpp, durch Myrten und Eichen, die sich hier oft nur zu Büschen entwickeln, an viel wilden Birnbäumen vorbei, die niemand pflückt und die saftige Früchte haben. Berghühner gab es genug, und einmal schlüpfte ein Wiesel mir fast über den Schuh.
Es war heiß, als ein Quell kam. Große Zäsur des Weges und Tags! Ort, wo man lange bleibt, sich versinnt und eingeht in die Stille, das Heiße, das Hohe, den waltenden Tag.
Nie habe ich so viel Wasser getrunken wie hier im Lande des Weins. Nie habe ich es frommer getrun-

ken und erfüllter von Dank als hier, wenn ich ihm durch Stunden entgegen gehofft und es dann, scharfkühle Klarheit, seelenhaftester Trank, stahlkalter Faden den Leib hinab, schöpfte aus frischem Quell.
Es ging gegen Abend, als wir Eselgeleit an eine kleine Talsohle kamen, aber noch hoch in den Bergen. Ein Stück Land war da mit einer Mauer umfriedet — ein Fluchtplatz in Türkenzeiten, wie ich später erfuhr. Jetzt war es hier friedlich, kein Mensch, kein Hirt, keine Herde.
Das freute die Hasen. Sie gaben sich auf dem grünen Flecken des Grundes ein Treffen, Dutzende. Es war ein Gehopse ab und zu, wie ich's niemals gesehen.
In Furfuras, von wo ich den Ida bestiegen, traf ich meinen Weggenossen von damals. Auch Assi, der Hund, war da und begrüßte mich stürmisch. Er trug mir die Sache mit dem Ida weiter nicht nach und schloß sich mir an, als ich weiterzog in die sinkende Nacht. So waren wir eine Weile zu dreien, Herr, Esel und Hund. Da war ich nun wieder im Tal von Asomatos, im geliebten, noch zwei Stunden vom Kloster entfernt. Es hatte hier schon geregnet, ohne allen Vergleich früh im Jahr, an drei aufeinander folgenden Tagen im frühen September. Es war deutlich zu spüren in der Luft. Die Erde war röter als sonst, und hie und da war schon gepflügt. Das Tal, das stille, hing voller Schleier. Der Ida hub eben sein gelbglühendes Leuchtwesen an.
Als ich im Klostergut ankam, war es schon dunkel. Die Gärten und Felder lagen im Abendglanze des Mondes, still eingesenkt unter nachtwindflüsternden

Olivenbäumen. Die Käuzchen schrien, und wieder war da der streuglitzernde Vogelruf, der mit seinem Warnen den Takt schlug der Nacht: ein glöckchenhaftes Perlengetropf im blaugrünen Samte des Tals. Ich war wie daheim.

Am anderen Morgen, einem wahren Gottesmorgen, denn das bißchen Erdenfeuchte und das Wachsende in den Gemüsegärten flochten mir einen Silberfaden von Heimat in die Seele, machten wir, mein Esel und ich, uns auf nach dem Kloster Arkadi, das weit über Land gegen Rhethymnon liegt, also im Nordblick der Insel.
Nur ein einziges Dorf war bis dort zu berühren, das nahe Thronos oben am Berg. Dann wies die Karte weder Weg noch Siedlung mehr auf.
Man steigt von der Landstraße im Grund auf bergigem Pfade nach Thronos hinauf. Da klammert es sich mit ein paar Dorfgassen und einzelnen Häuschen an den Hang.
Den Sohn des Lehrers von Thronos besuchen! fand ich unter meinen Aufzeichnungen. Ich fragte mich durch und stand auf dem Kirchplatz.
Er war offen wie eine Bühne, ohne die vierte Wand. Ein kleines Gotteshüttlein inmitten, ein reizender Blick ins Tal, ringsum ein paar Höfe. Alles ist weiß getüncht, ohne deshalb gleich sauber zu sein. Denn die Tünche deckt nie, durchs Weiße kommt stets das Gemäuer hindurch, diese Blöcke und Steine vom

Acker, aus denen die Häuser mehr geschichtet sind als gebaut, nah dem Verfall, wie es halt immer hier ist. Denn alles, was hier so entsteht und gemacht wird, die Häuser, Kapellen, die Brunnen, die Wege, hat eine nahe Verwandtschaft zum Ruin und die Sehnsucht, sich bald wieder aufzulösen. Ist etwas neu, so fällt es heraus und paßt noch nicht recht ins griechische Bild. Schnell läßt man's verfallen, dann ist es gut, so kann es nun bleiben. Denn da auch das Leben nur eine Improvisation ist, so sind es alle Dinge des Lebens erst recht. Man liebt es wohl nicht, zu tun, als gebe es auf der Welt etwas, das wirklich Bestand hat. Der Trieb, etwas Neues und Festes zu machen, etwas, das dauert und hält und das man vererbt, etwas Gefügtes, das nicht nur da ist zum Verbrauch, etwas, das außer mir ist und redet und gilt als mein Werk und Besitz — das ist nun einmal dieses Landes nicht der Brauch. Man behilft sich. Es geht.

Auf dem Kirchplatz, heiß und verträumt, stand ich auf einem Mosaikboden, blau, rot und steingrauen Musters. Er war zum Gutteil erhalten, das übrige war mit Zement verschmiert. Innerhalb der Umfriedung setzte der Teppich aus bunten Steinen sich fort und verschwand unterm Kirchlein.

Es war römischer Boden, und der Platz war vor Zeiten dasselbe wie heut: Hauptplatz des Ortes, Vorplatz wohl eines Prätoriums, einer römischen Bürgermeisterei. Denn es ist der Baugrund der römischen Stadt Sybrita, und unter den Äckern steckt alles voll Fundamenten und Scherben.

Das Land, diese Insel in ihrer Kraft, hat die Kulturen, die Alter zu sich genommen wie Opfer, die der göttliche Stier verschlang. Das Minoische, das Dorisch-Griechische, das Römische, Byzantinische, venezianische Pracht, türkische Wachtürme und Gärten — das ruht nun und dämmert in Trümmern neben- und übereinander und muß sich vertragen.

Die eine Seite des Plätzchens füllte ein Haus, das mir auffiel. Es war auf den ersten Blick ländlich, war langhin gestreckt, rosa bemalt, keineswegs neu, und auf den zweiten ansehnlich, ja reich: von jenem bescheidenen Wohlbehagen also, das wir aus unserer besten Bürgerzeit, dem frühen vorigen Jahrhundert kennen und lieben und das mehr ist, als es aus sich macht. Es sollte das Haus des Lehrers sein.

Ich pochte am eisernen Gartentor, der Schlüssel steckte. Niemand kam. Ich trat ein. Ein Gärtchen empfing mich, überwucherter Anmut voll. Büsche und Blumen sorglos verwachsen, in glühendem Lila ein Strauch Bougainvillia, schwüldufender Heliotrop, verblühte Rosen, Myrtenbüsche, Dahlien und langstenglige Malven. Bei einem wellblechgedeckten Schuppen stand ein Zwetschgenbaum, über und über voll reifer, bläulich überlaufener Früchte, die er zur Erde warf, Hunderte, die niemand auflas. Über das Grüne und Blühende hin schrieb sich großartig der Ida im Doppelgehörn seiner zwei Gipfel.

Ich klopfte am Haus, ich trat ein. Eine Zimmertür stand offen. Auf einem einfachen Tisch lag ein Buch. Es war ein mathematisches Werk von David Hilbert, auf deutsch.

Oft ertönt auf der Insel die Geisterstimme der Zeiten,

vergangner und seiender, mächtig oder lieblich und schön. Diesmal kam es mir vor, als hätte ich einmal einen verschmolzenen Vielklang erhascht von so manchem, was auf der Insel sich mengt und verflicht und nebeneinander ist und Geheimnis wird — flüchtig erhascht und erlauscht wie einen Harfenklang aus den Lüften. Das römische Buntsteinwerk, der bäuerlich-lässige Sorglosverfall, das tagträumende Gärtchen, der Aufblick zum Ida und da — die weltnahe Wachheit der kretischen Menschen. Es sind Inselbewohner: die Welt ist weit und ist ihnen nah übers Meer, und der Fäden sind viele.

Leis, als hätte ich gestohlen — nicht einmal Zwetschgen hatte ich — schloß ich die Türen und Tore und trat auf den Platz. Vater und Sohn, die ich suchte, seien, so riefen die Nachbarn, wahrscheinlich im Feld. Gleich machte sich einer auf, mich dorthin zu begleiten.

Wir kamen vors Dorf. Im Feld und im Melonengarten traf ich sie beide. Der Vater, Lehrer, aber schon außer dem Amt, war ein stattlicher, schöner Mann, bäuerlich fest, in kretischer Tracht, grauschwarz das Haar, viel goldene Zähne im Mund. So stand er geschürzt hinterm Pflug und trieb seine zwei Ochsen. Ich ließ mir später erzählen, daß dieser Mann einst auf eigenem Boden und Grund einen Topf mit römischen Münzen gefunden habe, von Gold. Er sei dann für einige Zeit verschwunden, habe den Schatz in Ägypten, in Alexandria, günstig verkauft und habe sich, heimgekehrt, das stattliche Haus am Kirchplatz erbaut.

Auch der junge kam nun herzu aus seinen Gemüsen.
Er sah sich städtischer an und war blond mit hellglänzenden Augen. Er hatte studiert, zu Ende, war Mathematiker, und sprach ausgezeichnet deutsch, obgleich er Deutschland noch nicht gesehen und nur zwei Semester die Sprache gelernt hatte. Er lebte allein mit dem Vater; die Mutter war tot.
Wir machten uns schnell bekannt und hatten freundliche Gespräche, als wir am Abend im Gärtchen saßen, mit drei Stühlen — zwei zum Sitzen, auf dem dritten Käse und roten Wein, und über die Malvenstengel hinweg flammte der Ida.
Der Vater beschrieb mir den Weg über die Berge nach Kloster Arkadi; so recht klar ward es mir nicht. Aber wenn ich die Richtung wußte, war es schon gut. Wir liefen eben wieder einmal so fort, mein Esel und ich, bergauf und bergunter, als Rast die Quellen, wenn welche kamen, als Ziel immer die nächste Höhe, den nächsten Sattel der Berge, denn immer läßt man sich wieder von der Verheißung fangen, die ein Bergweg bedeutet: zu sehen, wie jenseits die Welt wohl sei.
Es war ein arkadisches Wandern an diesem Tag. Das Land lag freihin und weit, nichts wie Berge und Berge, in Bläue, fern und nah. Der Wind blies aus Norden und brachte den Hauch von Meer und von Kühle, und hie und da stockte mein Fuß: eine zugewehte Honigsonnenwolke von einem blühenden Erikastrauche zu schmecken.
Ich war trotz aller Berge und allen Steigens nicht höher als Thronos lag, als ich im Mittag ans Kloster

Arkadi kam. Es liegt auf kahler Fläche, weithin sichtbar, und eine Zeile breitschirmiger Pinien, die selten hier sind, zeigt es an.

Ich trat in den Klosterhof ein. Es war eine große Anlage, aber arg verfallen. Das Kloster hat einen großen Namen aus Türkenzeiten. Es war damals ein Freiheitshort, und eines der vielen Gemetzel, von denen die Inselgeschichte weiß, geschah hier.

Im Hof, unterm Hauseingang, saßen die Mönche. Ich ging auf den zu, der mir der ansehnlichste schien, begrüßte ihn und erklärte, daß ich gekommen sei, das berühmte Kloster zu sehen. Ich war sogleich gut empfangen und nach einer Weile des Plauderns umhergeführt. Mein Geleiter zeigte mir eine Jahreszahl und eine Inschrift an der Kirche; im übrigen schien er der Meinung, der ich mich anschloß, daß eigentlich nicht viel zu zeigen war.

So lud er mich lieber zum Essen. Während wir dem Gebäude zuschritten, das eine Art Refektorium war, sagte er unvermittelt, indem er anhielt und den Kopf etwas hob, in plötzlich bedeutender Wichtigkeit: Ich bin der Bischof von Rhethymnon!

Darauf war ich nicht gefaßt. Ich küßte ihm die Hand, da schien er zufrieden und stolz. Er war selbst zu Besuch hier oben. Einem aufwartenden Bruder, der in einer Mütze aus verschossenem grünem Samt, mit einem knappen Bart rund um junge blühende Wangen sehr malerisch aussah, gab er Aufträge fürs Essen. Es kamen viele schlichtschöne Gänge, und viel, viel hellroter Wein wurde nachgegossen — so viel, daß ich dann, als ich mich verabschiedete, draußen unter Oliven und Erdbeerbäumen des längeren schlief.

Der Wein, der kretische Wein! Wie kann ich mich unterstehen, seiner erst jetzt zu gedenken, da ich solange schon mit Eifer und Sorgfalt mich mühe, ein Bildchen von Kreta zu pinseln! So will ich ihn eilends preisen zum Ende dieses Berichts meiner Eselreise, auf der ich in so vielen Dörfern, auf so vielen Wegen, zu allen Stunden des Tages in strotzenden Trauben und hellblinkenden Gläsern soviel von ihm zu kosten bekam!

Der Wein war das erste, was ich von Kreta am Leibe erfuhr, noch in Athen. Ich war bei meinem Malerfreunde des Abends zu Gast und sollte in wenigen Tagen hinüber zur Insel. Da brachte er, der Kreta schon kannte und liebte, eine Flasche kretischen Rotweins, öffnete sie und goß ein. Dick und dunkelrot fiel er ins Glas. Wir tranken auf Kreta. Der Wein sprang mich an wie ein Tier. Er war eine Lohe, heißblütig und stark, gebändigtes Feuer, und fast etwas Drohendes war in ihm.

So ist er, wenn es der rechte ist, der Liatiko, der echte kretische Wein. Ich habe mich seitdem an ihn so gewöhnt, daß er mir nicht mehr so tatzenhaft vorkommt; es gibt wohl auch bäuerlich derbere Sorten. Im echten aber lernt man den Kreter kennen, denn der Wein bekennt immer mehr vom Land als die Zungen, selbst als die Zungen im Wein.

FLUG ÜBER DIE INSEL

Ich hatte das Glück, einen Flug über die Insel unternehmen zu dürfen: wohin ich wollte, wie hoch oder wie niedrig ich wollte, wie kurz oder wie lange ich wollte. Welch ein Ereignis! So würde ich nicht nur Bekanntes träumerisch wiedersehen, nicht bloß neue Plätze ausfindig machen, die ich hernach, die Erde wieder unter den Füßen, genauer besehen und besuchen könnte — überhaupt mußte ich dadurch ganz anderen Sinnes und Blickes für diese Insel werden, an deren Bildnis mir soviel lag. Denn aufgefaltet wie sie ist, wird sie immer größer und größer, je länger man auf ihr wandert, und schließlich wird sie einem ganz vielfältig und groß. So aber würde ich sie ein für alle Male sozusagen in der Tasche haben und im Kopfe besitzen. Alles einzelne würde sich mir zum Ganzen ordnen, und ich war, wenn ich lief, nicht mehr geneckt und geirrt von der Proteusgestalt der Gebirge, die sich, solang man in ihnen steckt, seltsam unablässig verändern.
Der Flug war auf sieben Uhr morgens von Maleme aus angesetzt. Wir flogen einen Storch, dessen Tugend es bekanntlich ist, daß er sich ziemlich langsam vorwärts bewegen kann. Man fliegt mit ihm ungefähr so, wie die großen Vögel fliegen, und man fliegt wirklich, man wird nicht befördert. Ich war mir der Merkwürdigkeit, ja der Traumhaftigkeit des Unternehmens bewußt, gerade über Kreta zu fliegen, am Urort also des Menschheitsflugtraumes, der Insel, von welcher aus Daidalos und Ikaros das ihre gewagt.

Der Flugzeugführer kannte die Insel von oben her gewissermaßen auswendig. Ich glaube, es machte ihm Freude, mich in sein Luft- und Inselreich dergestalt einzuführen.

Kreta hat im Nordwesten, also gegen Kythera und die Peloponnes hin zwei langgezogene Vorgebirge, die der Insel das Ansehen einer kriechenden Schnecke geben, die ihre Fühler nach dem Festlande ausstreckt. Diese beiden Landzungen, Tityros und Korikos, waren das erste Ziel. Sie sind beide so gut wie unbewohnt und ganz und gar bergig; jede von ihnen ist zu Fuß auf kaum je beschrittenen Saumpfaden in einem knappen Tage auszugehen.

So flogen wir denn übers morgendlich leuchtende Meer auf Tityros zu. Als wir dessen Uferrand erreichten, kahl, tönern und rostrot, wie er sich aus dem Meere erhebt, ohne einen einzigen Baum, ohne Halm, wie es schien, sah ich zum ersten Male mit Lust, wie tief hinab in die kristallene Flut man die stürzenden Felsen mit Blicken von oben verfolgen kann. So sieht man den Sockel, auf welchen so eine Insel gebaut ist, und so lernt man von neuem und klar, daß sie alle nichts anderes sind als Gebirge, gebadet im Meer.

Wir waren etwa fünfhundert Meter über dem Wasser, gleichhoch mit den Gipfeln von Tityros, die Insel Antikythera erschien im Dunste der Ferne als ein weißblinkender Fels, als ich unter uns an der Küste ein terrakottafarbenes Felspostamentchen erblickte, das tiefblau vom Meere umbuchtet war. Darauf erkannte ich deutlich eine rechteckige Gründung; es konnte, es mußte wohl ein antiker Tempelrest sein. Säulen freilich waren nicht mehr zu sehen. Ich erinnerte mich nun auch, gehört zu haben, daß im Vorjahr in dieser Gegend Grabungen stattgehabt hatten, die Dorischem, nicht Minoischem galten, und daß die Reste eines Tempels aus spätgriechischer, darunter aber auch archaischer Zeit erforscht worden waren.

Freilich, das war ein Tempelort, wie er den Griechen zuzutrauen war und ihren Göttern wohl anstand! Nur hellenische Götter wohnten so! Unbekümmert um Menschen, hingehalten den leuchtenden Elementen, hoch über der glitzernden Sonnenhaut des Meeres! Da war nur der glühend rostige Fels und das Blaue, nur das schmetternde Licht, und dann: die marmorne Ordnung, die gefügte Pracht.

Wir umflogen den Götterort in gleitendem Flug. Dann zogen wir wieder über das Meer, zum andern, dem zweiten Fühler hinüber. Abgerissen vom Festland, verlorene Klippen im Meer, liegen dort die beiden Vorortinseln Gramwusa. Die äußere war einst eine venezianische Festung, die erste in der Reihe der sechs festen Punkte, welche die Nordküste aufweist als die sechs schweren Schlüssel zur Herrschaft über die Insel: drei befestigte Städte und Häfen: Chania, Rhethymnon und Iraklion, und drei befestigte Inseln: Gramwusa, Suda und Spinalonga. Kasernen und Kasematten der Insel Gramwusa sind zerstört und verfallen, aber unzerstört ist der Grundriß und die steilglatten Mauern am Fels. Das spitzwinklige Festungszickzack sah aus, wie man es von den alten Atlanten her kennt, ganz schulgerecht hingezirkelt: ein kleines, böses, stachliges Ding. Die Mauern warfen heftige geometrische Schatten.

Nichts Lebendiges war unter uns zu erblicken, solange wir über die beiden Halbinseln flogen, kein Dorf, kein Feld, keine Weide. Nur Stein, überzogen von den Polstergewächsen, die ich früher nicht kannte und in den griechischen Bergen zum erstenmal sah. Es sind drahtige, dornige Büschel, die es noch aushalten, wo sonst nichts mehr gedeiht; aber in der Not und der Dürre runden sie sich zusammen gleich zahllosen Igeln, und verhärten sich so zu hügligen Kissen, daß man sogar darauf stehen kann. Es sind Millionen Tupfen über das Land.

Wir flogen nun inselwärts, den Weißen Bergen zu, die fast ebenso hoch wie der Ida sind, noch viel ausgedehnter als dieser, und die den Westen der Insel bewehren als eine blinkende Kette. Jetzt gab es unter uns Dörfer und Straßen, weißbändrige, und die runden Tennen rings auf den Feldern sahen aus wie blasig Emporgequollenes aus zähbrodelndem Erdenbrei. Ölwälder rieselten die Täler herab, und unzählbar waren die Zeilchen der Felderterrassen, welche die Krume stauen vor der Gewalt der niederstürzenden Wintergewässer. Sie scheinen Zeugen zu sein, daß das Land dereinstmals viel reicher bestellt war als heute.

Wir hielten auf die Omalos-Hochebene zu, die mitten in den Weißen Bergen liegt und eines der Elemente ist, die Kretas Geographie so einleuchtend gliedern: die drei Gebirge, drei hochebene Oasen auf ihnen: der Omalos, der Kampos tis Nidas und die Lassithiflur. Dem Dreitakt entsprechen die drei Städte am Nordsaum der Insel.

Der Omalos ist größer als der Kampos am Ida und ebenso weltfern und still. Während der Kampos nur Weideland ist, wächst hier noch Getreide. Aber es gibt keine Dörfer da oben; die Bauern kommen zum Pflügen und Säen und Ernten herauf und hausen in Steinhütten, solange es nötig ist. Jetzt nach der Ernte ist's einsam. Das bergumzirkte Gelände, das die Wasser der Höhen ringsum empfängt, liegt stillwartend da.

Vom Omalos abwärts zum südlichen Meer zieht sich die Schlucht von Samaria, eins meiner künftigen Wanderziele. Sie gilt wohl mit Recht als die tiefste und schärfste Schlucht ganz Europas, stürzt vom Omalos in wenigen Gehstunden hinunter zum Strand, und ihre Wände ragen an die zweitausend Meter aus den Schlünden.

Jetzt, wo wir an den senkrechten Felsen entlang über sie hingleiten, hoch über den Geiern, die unter uns kreisen, sieht sie nicht gar so gefährlich aus. Erst durch den Fuß belehrt und die Mühe finden wir die gebührende Achtung vor dem, was nach unseren Maßen gewaltig ist. So sind es uns Käfer- und Ameisensorgen.

Bevor wir aber das Meer erreichten, flogen wir noch einmal inseleinwärts zurück zu den Weißen Bergen hinauf. Wir mußten auf dreitausend Meter gehen. Kalkgewände waren unter uns; die Berge werden nicht nur deshalb die Weißen genannt, weil sie fünf Monate im Jahr mit Schnee bedeckt sind; ihre Spitzen sind auch im Sommer wie ausgebleicht und beinweiß. Es ist eine Landschaft, wie man sie sich wohl auf dem Monde denkt, ganz außermenschlich, außerirdisch, feindlich und ohne Trost. Nicht einmal Geröll lockert das Abgenagte; nur harte Riffe gibt es, Krater und Wände. Keiner der fremden Herren, die die Insel in zweitausend Jahren besaßen, hat hier oben wirklich geherrscht. Von hier bis hinab zum südlichen Meer ist der Bezirk Sfakia. Die Sfakioten, große und schöne Menschen, als Viehdiebe berühmt und gefürchtet, eine Art Raubritter der Berge, mit Ehrbegriffen eigener Art, haben sich niemals gebeugt, den Venezianern und Türken nicht.

Da ich so lang und so oft und noch eben zu Fuß in den griechischen Bergen gelaufen bin, ist mir das Darüberhinfliegen ein seltsames Ding. Es ist das Erlebnis des Traumes: die Selbstverständlichkeit des Unwahrscheinlichen ist durchaus darin. Was jeder vom Traume her kennt, aber auch von starken Lebensmomenten, von Zeiten und Stunden, wo manches glücklich gelingt: wenn vorher alles sich hart verschloß und in allen seinen Teilen tückisch verquerte — da, mit einem Male schießt es zusammen, die Kristalle bilden sich, alles ist leicht, alles geht. Was dann sich vollzieht, trifft uns fast mehr als glückliche Zuschauer eigener Taten, denn als Handelnde selbst. Es ist alles vertraut, wie schon einmal erlebt, weil es oftmals erdacht und ersehnt war und im Traume schon vorweg genossen. Es sind dies

Erlebnisse einer wahren Freiheit, eines glücklichen Durchschreitens ins Freie, ins Helle hinein.

In so wunderbaren und gnadenweis zugefallenen Stunden liegt die Gefahr nicht fern, daß die Erlebniskraft nicht völlig Schritt hält. Das Schiff des Bewußtseins gleitet dann über die Wellen hinweg wie ein allzuschnelles Boot, fast ohne einzudringen. So droht es mir jetzt zu gehen. Denn da ich unseren Flugapparat weder erfunden habe, noch überhaupt verstehe, noch mindestens regieren kann, bin ich ja nur Leihnehmer und Gast. Aber es geht wohl nicht mir nur so. Die ganze Menschheit hat das Fliegen stärker erlebt, als sie noch bloß davon träumte; stärker als jetzt, wo sie es kann. Natürlicherweise. Das Fliegen ist ein Erlebnis der Freiheit. Fesseln, mit deren Fall kaum noch zu rechnen war, sind mit einem Mal fort. Wer aber wüßte nicht, daß Freiheit weniger ein Geschenk als eine Prüfung ist? Nur der Starke erträgt sie, nur wer vordem schon frei war — und der wird geboren.

Wir flogen im Nu von der Höhe der Weißen Berge hinab und schlugen die Richtung zum Ida ein. Ich freute mich. Das nun war mir ja wohlbekannt und vertraut. Bald sah ich die regelmäßige Anlage des Klostergutes von Asomatos im Grün seiner Gärten. Da nun kannte ich jedes Dorf und jede Straße tagweit ringsum. Überall hatte mein Esel gebockt, überall hatte ich kretischen Wein getrunken, und überall wußte ich Bekannte in der Tiefe, die von meiner Nähe nichts ahnten.

Ich rührte den Steuermann vor mir an. Er stellte den

Motor ab, wie immer, wenn wir zu sprechen hatten. Ob wir schnell noch über die Spitze des Ida fliegen könnten, fragte ich ihn. Warum nicht, erwiderte er und setzte sogleich die Maschine zu Kreisen ins Höhere an. Meine Augen suchten den Quell an den Wänden, wo ich in jener Vollmondnacht gestaunt und getrunken, aber ich sah ihn nicht. Der Zauber des Zarten und Kleinen ist mehr ein Geschenk von der Erde, vom Nahen her; jetzt war ich mehr dem Summarischen verschrieben.

Schon nach wenigen Augenblicken waren die oberen Bereiche des heiligen Berges dicht vor uns. Wozu ich vordem die Mühe einer ganzen Nacht gebraucht hatte, das schenkte sich jetzt in Minuten. Die Kapellengrotte ganz oben — wie grüßte ich sie aus der Nähe und Höhe, und den Steinwall und die Zisterne.

Ich hatte nicht das Gefühl, daß die Götter uns zürnten ob unseres Tuns. Ich fragte mich darum, und es war mir bewußt, daß dies zugleich eine Schicksalsfrage der Zeit sei. Ich habe nie zu denen gehört, die im Triumph der Erfindungen das Vordringen der Menschheit in einen Bezirk sehen, der ihr nicht zukommt und an dessen Grenze sie ihre Seele verkauft. Freilich aber erfordern Erfindungen eine höchst veredelte und geläuterte Menschheit: götterähnliche Mittel, götterähnliche Menschen. Daß die Menschheit auf diesem Wege seit hundert Jahren weitergekommen sei, habe ich freilich noch nicht sagen hören.

Vom Ida senkten wir uns in Augenblicken, in denen nur das Sausen der Luft an den Flächen zu hören

war, zur Messara hinab, und das Grüßen von Wohlbekanntem setzte sich fort.
Wie herrlich netzte das Meer den Strand der Europa in andringenden Wellenketten und durchsichtigen Schäumen! Phaistos und die Villa von Hagia Triada zeichneten sich heute noch viel klarer und überzeugender hin. Das Gedachte eines Baues, das in seine Verwirklichung eingeschlüpft ist, ist aus der Luft als dem Gedankenbereiche viel stärker zu spüren als sonst vom Boden. Der Flug abstrahiert wie das Denken. Es ist auch bekannt, welche Hilfen das Fliegen der Forschung gewährt. Fundamente und Reste, die man sich drunten mit Mühe zusammenreimen konnte, fügen sich leicht aneinander. Selbst in der Erde Verborgenes drückt sich noch aus in einer mageren Bewachsung, die man von oben deutlich erkennt, wobei es denn ist, als ob aus der Höhe nicht nur das Meer, sondern die Erde sogar einigen Tiefblick gewähre.
In der Nähe des Gutes Ambelusos war ein kleiner Landeplatz. Wir umkreisten das Gut und winkten und wurden erkannt. Wir glaubten hinreichend deutlich gemacht zu haben, daß wir ein Frühstück wollten. So kam es denn auch.
Es war glühend heiß in der Messara, wo eben noch am Ida droben strenge Kühle um uns gewesen war. Als wir nach einer Stunde wieder ins Flugzeug stiegen, ging es schon gegen Mittag. Wir flogen, und der kleine geflügelte Schatten drunten flog mit, sprang über Hügel und Berge.
Südlich am Dikte vorbei glitten wir dicht über dem

Wasser die Küste entlang. Die steilen Hänge fingen die Hitze und flimmerndes Licht. Da ist kaum eine Siedlung. Kreta lebt gegen Norden, Europa entgegen. Jerapetra ist nach Süden die einzige Stadt.
Aber wie afrikanisch lag diese Ortschaft da! Das war nicht mehr Europa. Fahl, ohne Farbe im glühenden Sand, die Häuser weithin verstreut ohne Regel und Plan, wie es zu sein pflegt, wo der Boden nichts gilt. Es ist, als sei dieser Platz vom Atem der Wüste schon angeweht.
Bei Jerapetra ist die schmalste Stelle der Insel. Wir überqueren sie in einem Flugaugenblick. Sobald man das Meer im Norden erreicht, ist man im blaubergigen Halbrund des Golfes von Mirabello. Wie der Name ein Erbe aus venezianischer Zeit ist, so melden sich hier Erinnerungen an die südlichsten Golfe im Süden Italiens.
Der Saum der Nordküste von Kreta ist die Schnur, an der sich das Vergangene und das Gegenwärtige dieser Insel aneinanderperlt. Da ist Geschichte. Vielleicht gibt es keine andere Strecke auf der Welt — wir flogen sie in zwei Heimwegstunden zurück —, wo sich wie hier, dicht nebeneinander und ineinander verzahnt, die Denkmäler aus vier Jahrtausenden drängen. Da zeigt sich, wie diese Insel von jeher umkämpft war, wie alle sie haben wollten, ja mußten, wenn sie ihre Herrschaft behaupten wollten. Allen war es begehrenswert, dieses Juwelengebirge im Meer, so sehr sie dann auch zuweilen an seinem Besitze litten und zahlten. Gerade diese Insel mußten sie haben, deren Gebirgler nichts anderes im

Sinne tragen als ihren trotzigen, eigensinnigen Freiheitswahn.
Zuerst erkenne ich Gurnia, die einzige minoische Stadt, die wir kennen. Etwas später überfliegen wir die Ruinen des Palastes von Mallia, die weich und offen am flachen Strande des Meeres in glühender Sonne liegen. Mallia gehört zum Ältesten, man setzt es zweitausend Jahre vor Christus an. Dann ist da der Hügel von Knossos, weich hingegeben der Landschaft. Das Griechisch-Dorische bietet sich gleich ganz anders dar. Nahe dem Golf von Mirabello suchten und fanden wir die Reste des griechischen Dreros und bei dem heutigen Kritsa die Stätte von Lato. Die alte Stadt liegt auf einsamem Berg, auf dem jetzt niemand mehr etwas sucht. Trümmer, Mauern und Treppen bedecken die Höhe; die Stadt zerfiel, sie ward nie zerstört. Das Leben zog sich anderswohin, talwärts, dem Meere zu.
Immer liegt das Dorische auf den trotzigen Höhen, auch Eleuthernai später. Immer waren es Burgen, was den Dorern vorschwebte, immer siedeln und bauen sie oben, stets in der Rüstung, immer auf Wache. Wüßte man nichts von Minoern und Griechen, so sähe man hier auf den ersten Blick, daß eine Welt sie trennt. Edelmänner und Prinzen die einen, Ritter die anderen.
Diese griechischen Burgstädte: das ist die Kreta Homers, die er die hundertstädtige nennt. Man sieht, es ist keine Lobesübertreibung. Man kennt in der Tat Platz und Namen von Dutzenden solcher Stadtgemeinden, die die Insel einst trug, freilich nicht Städte

in unserem Sinn, das ließen die Burgberge schon nicht zu. Als erste der drei kretischen Städte von heute kam dann Iraklion. Ich sah, daß sowohl dieses als Rhethymnon, als Chania ausgesprochene Luftschönheiten sind. Sie sehen viel verlockender aus von oben, als wenn man in ihren Gassen steckt. Vor allem Rhethymnon ist hübsch hingestreut auf den flimmernden Strand mit keck gezogener Mole.

In allen drei Städten schält sich im Vogelblick das Venezianische ganz stark heraus. Was sonst im Gewirr der Altstadt verschwindet, der Festungskern, hebt sich so in energischen Zacken hervor. Iraklion zeigt seine erstaunlichen Wälle, Chania seine Bastionen. Ihre Substanz ist auch heute noch Venedig. Aus der langen türkischen Zeit blieben nur ein paar Minaretts; diese freilich, weißzarte Nadeln, versenden den Hauch einer Märchenwelt. Von allen Herren, die seit der Antike Kreta besessen, den Herren von Byzanz, den Arabern, den Venezianern, den Türken — haben die Venezianer das gebaut und geschaffen, was jetzt noch das Bild der Insel bestimmt. Noch sind die Molen, die Hafenforts mit dem Wappen des Markuslöwen, die Arsenale, Kastelle, die Gassen mit Herrenhäusern, die Brunnen, zum Teil erhalten. Wie viel muß dagewesen sein, da wir doch wissen, daß das meiste durch Erdbeben fiel. Die Hafenrunde müssen dereinst wunderschön gewesen sein, gesäumt von Palästen und Handelshöfen: lauter kleine Venedigs.

Wo dagegen ist, was die Byzantiner, die Araber, die Türken, die Neugriechen schufen?

Venedig ist wirklich nach der Antike die einzige Macht gewesen, die den Besitz dieser geschichtedurchpflügten Insel vermehrt, die der Schönheit dieses Inselantlitzes menschlich geantwortet hat. Es ist doch ein Ausweis für alle Zeit. Unsere Sympathie, die gern auf seiten der Unterdrückten ist, wendet sich sehr den Venezianern zu; man sieht, daß sie mit Fug die Herren gewesen sind. Welch eine Macht, welch eine Kraft, die sich mit jener einzigen Stadt vergleichen darf, die nicht nur siegen und herrschen konnte, sondern auch schöpferisch war und dem Beherrschten Schönheit schenkte und Form.

Gegen Chania zu ist noch einmal ein Punkt, an dem sich die Zeugen der Zeiten und Alter beispielhaft häufen. Es ist freilich ein wichtiger Punkt und zugleich ein Aufglanz kretischer Schönheit: der Eingang zur Sudabucht. Alle, die jemals hier lebten und herrschten, mußten natürlich den Mund dieser Hafenbucht hüten und sichern. Da liegt denn zuoberst am Berg, hoch über dem andern, das Griechische. Es ist das weite Feld der antiken Stadt Aptera, königlich über Meer und Bucht und die gegenüberliegende Halbinsel Akrotiri hin. Auf halber Höhe liegt das venezianische Kastell Bicorna, gelbsonniger Stein, Zinnen, Himmelsblau und das Meer. Die Venezianer, als Seeherren, sperrten indessen vor allem die Einfahrt selbst und bauten die kleine Insel, welche erwünscht gerade an engster Stelle der Einfahrt liegt, zu dem Inselfort Suda aus. Die Türken fügten das Kastell Izzedin hinzu.

Als unser kleiner Vogel sich in der Nähe der Sudabucht senkte, um mich auf einem kleinen Landeplatz mitten in Feldern und Gemüsegärten abzusetzen, waren sieben Stunden seit unserem Aufflug vergangen. Ich merkte erst jetzt, wie müde ich war — müde vom Schauen, und mir fiel die Geschichte von jener Blinden ein, die sehend wurde und der vor Anstrengung des Sehens Perlen des Schweißes auf die Stirne traten.

FODELE, EL GRECO

In dem Dorfe Fodele ist Domenikos Theotokopoulos, der große El Greco geboren.

Die Landstraße von Rhethymnon nach Iraklion führt durchs Gebirge. Berge ohne Weg liegen zwischen ihr und dem Meer. Es ist eine Landschaft wie viele auf Kreta, von fast keinem behaust und nur von wenigen begangen. Einziges Dorf weit und breit: Fodele. Ich war in dieser Zeit mit einem jungen Menschen unterwegs, der mir als Dolmetscher behilflich war. Er hieß mit Vornamen Josefos, abgekürzt Sifi, und war aus guter altkretischer Familie in Chania. Er war strohblond, schmalschädlig und hellhäutig, wenngleich sportlich braungebrannt, und hatte tiefblaue, etwas einfache Augen. Das Gymnasium, das er in letzter Klasse besuchte, war bisher ohne Spur an ihm und seiner Bildung vorübergezogen.

Er war natürlich begeisterter Kreter, hatte noch Ferien, und so nahm ich ihn eine Weile mit mir.

Ein Wagen fuhr uns bis dorthin, wo ein Weg von der Hauptstraße abzweigt in die Berge. Zwei, drei Kilometer war auch dieser Seitenweg noch mit Mühe befahrbar; er war schmal, hing sehr steil am Hang und war von Winterwassern grausam zerfurcht. Mitten in einer steilen Kurve hörte er, gewissermaßen mit einem Seufzer, auf.

Wir stiegen aus. Gerade unter uns am Hang lag das Klösterchen des heiligen Panteleimon. Wir schauten auf die Dächer von zwei, drei Häusern und Ställen, auf das Kirchlein und den starkfließenden Brunnen;

alles war durch Treppchen, Höfe und kleine, übereinander hängende Terrassen verbunden.
Von drunten her wuchsen uns Zypressen entgegen, prachtvolle, flehend hohe, und reichten bis vor die Füße.
Ein Schlängelpfad führte vom Kloster noch weiter hinab in den Grund und die Tiefe, ins Bergland hinein. Wir stiegen hinab. Die Höhen schlossen sich über uns schattend und eng. Oliven und Johannisbrot bestanden die Hänge.
Auf einmal, in Hitze und Dürre, war neben uns Wasser. Eine unterirdische Ader trat wohl hier in der Gegend zu Tage und floß tälchenwärts, klar, kühl und stark, bis zum Meer. Es mußte eines der wenigen Wasser der Insel sein, die sich den Sommer durch halten.
Wie mit einem Zauberstabe war alsogleich alles ringsum verwandelt. In die verzweifelte Felsödenei war eine Goldader vom Paradiese gebettet. Ländliche Gärten drängten sich aneinander, mit südlichen Gemüsen, Früchten und Blumen — soviel der beglückte Arm dieses Tälchens nur fassen konnte und halten.
Apfelsinenhaine waren auf einmal da, wundergeboren, sorglich gepflegt. Sie waren über und über behangen mit grünrunden Bällen, die schon die richtige Größe hatten und sich nun anschickten, zum Goldnen zu reifen.
Es kam wohl mit ihnen wie mit den Agaven, den Eukalyptus und den Bananenpalmen, die ja alle dem Lande seit alters nicht eignen, ein prunkender

Zug von Fremdheit ins Bild, ein Hauch von Wunderlandferne, von dort, wo die Äpfel der Hesperiden her sind.

Der Wasserlauf war selber Wunders genug. Breitlächelnd rieselte er über den Kies. Platanenzweige, hellgrün durchsonnt, neigten sich drüber hin, und Uferbrombeeren dufteten in der Mittagsglut. Das ist Deutschland, Sifi! rief ich, während wir uns auszogen, um zu baden. So rieseln bei uns die Bäche, überall, viele; so hängen bei uns die Weiden über die Ufer, so stehen die Erlen, und droben die Berge; das wären jetzt lauter Wälder, dichte und dunkle!

Ich sah, wie seine Phantasie sich mühte, um sich das auszudenken; weiß Gott, welches Bild ihm erwuchs. Weiß ich doch selber nicht mehr, wann ich sagen darf: So ist es in Deutschland, und wieviel mir das Heimweh hinzumalt.

Wir liefen im Eingefalteten des Tälchens weiter, immer durch Apfelsinenhaine, und kamen ins Dorf. Es zog sich verstreut und übereinander geschichtet die Hänge hinauf, und es war ein schlechtes Dorf. Nichts von der Sorgfalt und der erquickenden Anmut der Gärten war für diese Häuser übriggeblieben, die ziemlich verwahrlost waren, nahe dem Verfall, und deren Ruinenhaftes dadurch, daß man die flachen Dächer von unten nicht sieht, noch erschreckender wirkt. Natur schenkte hier, was immer sie schenken konnte auf kleinem Raum; aber die Menschen schienen Bettler zu sein und zu bleiben.

Es gab eine Brücke über das Bachbett, das jetzt tief eingesenkt war, und ober der Wassermauer ein Kafenion mit Bänken und Stühlen und spielenden, hokkenden Männern. Tagträumende Vormittagsmattigkeit.

So war denn dies seine Heimat, und ein Bauernsohn von hier muß er gewesen sein, der große Herr in Toledo, der vierundzwanzig Zimmer bewohnte in einem Palast hoch über dem Tajo und Abend für Abend die Größten und Mächtigsten bei sich zu Gast sah, und die Klügsten und die Gelehrtesten dazu, selber ein Grübler und lebenszeitlich in Bücher vertieft. Es ist mir doch lieb, daß ich seine Kunst und Gestalt einmal von hier aus sehe und bedenke; es nimmt sich doch manches recht anders aus, auch künftighin, wenn ich, will's Gott, einmal wieder vor einem seiner glühdunklen Bilder stehe wie damals in Rom. Denn wenn er vielleicht auch bei jungen Jahren schon von hier fortkam, zunächst wohl ins nahe Iraklion zu einem venezianischen Maler und dann nach Venedig selbst zu den großen Meistern, zu Tintoretto und Tizian, und seine Kunst tief eintauchte in die hohen Wogen der Pracht — so hat er sein Kretisches doch nie vergessen und zeitlebens seine Bilder mit seinem Namen in griechischer Schreibschrift signiert. Ein Kreter ist er geblieben. Das Geheimnis, die Bannkraft, die in seinen Bildern ist, ist Mitgift der Insel: das tief-tief Gebundene, die Herkunft aus Schächten. Der Glanz aus dem Dunkel. Ich war nicht des Glaubens, in diesem Dorf etwas zu finden, was von dem Großen irgend verblieben war: etwa sein Haus oder unter den Leuten eine Erinnerung. Doch wollten wir immerhin sehen. Wo war

der Bürgermeister? Nicht da. Der Antiproedros? Er spielte Karten im Kafenion. Der Lehrer, der Papas? Der Sifi mußte eine Ansprache halten. Wir seien gekommen, ließ ich ihn sagen, nicht wegen der Apfelsinen, zumal die nicht reif waren, sondern weil dem Dorfe der Ruhm anhänge, daß hier vor Zeiten ein Maler geboren sei; die Welt bewunderte ihn.
Ich hatte den Eindruck, daß man das doch nur für einen Umweg hielt, um auf Apfelsinen oder sonst was zu kommen. Nur langsam schien sich für uns etwas zu entwickeln. Langsam löste sich der Antiproedros vom Kartenspiel. Er unterschied sich von den anderen Bauern durch eine verbogene Brille, die er auftat, wenn es geschäftlich wurde.
Sie hätten ein Denkmal, erfuhren wir. Wir wollten es sehen. Es war ein Stein unter einer Platane am Bach. Vor einem Jahrzehnt war eine Abordnung aus Spanien gekommen, dreißig Herren von der philosophischen Fakultät aus Valladolid. Sie hatten die Kunde, den Ruhm und die Ehre gebracht und dazu jenen Stein, Granit vom Grabe El Grecos, der zu einer Tafel behauen war und zweisprachige Inschrift trug, zum Gedächtnis des Großen und seiner dörflichen Heimat.
Die Erinnerung an den Aufenthalt jener Herren war noch lebendig, es schienen sich große Feste entwickelt zu haben.
Somit wären wir eigentlich am Ziel und am Ende gewesen.
Es hieß aber, daß wir noch warten sollten, die Lehrerin wolle uns sprechen. Einstweilen sollten wir

zum Antiproedros kommen auf einen Schluck Wein. Es war nicht weit, sein Haus war am Bach. Der Raum zu ebener Erde war dunkel, nur durchs Licht der Türe erhellt; aber ein Baum stand davor. Der Boden war aus brockigem Felsgestein, kaum mit Lehm überschmiert. Zwei Stühle fanden sich, wenn auch mit Mühe. Von der rauchigen Decke hingen im friedlichen Verein eine Mandoline mit überlang dünnem Halse, doch ohne Saiten und ganz kaputt, ein schwarzer Regenschirm, ein Stück Fleisch am Haken, von Fliegen umschwärmt, und eine Ziegenhaut, prall mit Käse gefüllt, denn so bewahrt man noch immer sowohl Käse wie Wein.

Wir saßen und tranken hellroten Wein; er war köstlich.

Draußen am Bach saß eine Frau und kochte in schwärzlichem Kessel auf blaurauchigem Feuer.

Da trat, herzugebracht von einem ganz alten Mann, ein junger Mensch in die Tür. Der dunkle Raum ward noch dunkler. Er konnte dreißig Jahre alt sein, ein leichter Kräuselbart zog sich ums bleiche Leidensgesicht. Ein Malariakranker. Malaria war wegen des reichlichen Wassers das Leiden des Dorfes.

Es war ein Letzter vom Stamme des großen El Greco.

Unter vergnügtem Lachen wurde erklärt, der Herzugebrachte sei taub und auch stumm. So blieb der Auftritt des Trägers des großen Namens ein wenig erscheinungshaft. In seinen Mienen war gleichwohl ein Leuchten; es mußten wohl seine Lebenssonntagsmomente sein, wenn er den seltenen Fremden, die im Laufe der Jahre hierher kommen mochten, seine stumme Person wies, die dann mit einem Mal wichtig war. Er schien mir halb Dorfnarr und halb ein Heiliger auch.

Es kam nun der Mann der Lehrerin und lud uns zum Mittagsmahl ein. Das Paar war nicht aus dem Dorfe gebürtig und hatte städtische Tage gesehen. Die Sehnsucht nach dort, nach dem leichten und hohen Leben Athens, trug es als Wunde im Herzen. Sie waren beide ungemein liebenswürdig im Eifer ihrer Bewirtung.

So hatten wir eine gute Stunde. Wir saßen in einem oberstöckigen Raum, zu dem von der Straße her eine äußere Treppe führte und der zugleich Wohn- und Schlafraum, Küche und Kinderstube der Lehrerfamilie war. Man sah durch die Tür und durchsonntes Platanengeäst auf die Häuser des Dorfes. Wir aßen und tranken, und schnell war der Schritt hinüber ins Beflügelt-Erhobene getan, der hierzulande so leicht fällt. Das Trinken ist hier etwas anderes als droben im Norden. Obwohl man weniger trinkt, ist der Tag und das Leben mehr auf den Wein und den Aufflug gestellt. Man trinkt nur zum Essen; das Trinken für sich ist fast unbekannt. Man trinkt auch mehr unter Tags, nicht abendlich-häuslich hinter den Türen; die Steigerung durch den Wein mischt sich in eins mit dem Rausche von Sonne, Mittag und Licht. Denn die Menschen sind rauschig, wie man in Süddeutschland sagt, womit die Bereitschaft gemeint ist zum leichten Hinübertritt in ein

Gehoben-Gelöstes — der Blick in den doppelten Grund aller Dinge —, wenn Phantasieblütenwind in die Segel der Seele fällt und das Leben zur großen Weltfahrt wird.
Wir sprachen. Ein Huhn lief mitten durchs Zimmer.

So werde ich denn nie des großen Mannes gedenken, ohne dies Dorf vor Augen zu sehen, die treibenden Gärten unter hohem, nacktem Gefels, die hangwärts kletternden Häuser, aus denen es blau in den Mittag raucht, und den Glühblick des dunkelen Stummen. Und immer werde ich in jenem das Kretische, tief Gebundene sehen, das Altblütige und das Gekelterte seiner Herkunft, wie denn so oft in der Welt köstlicher Wuchs entsteht, wenn das Bäuerliche, Beständige einmal einen Sproß freigibt zu höherer Entwicklung, und wenn das geschlechterlang unter der Asche Gehehlte mit einem Mal aufflammt und prangt und ohne Übergang eingeht unter die Großen und Feinen und schreitet über die Höhen dieser Welt.
Später kam auch der Papas hinzu, ein junger Mensch in samtener Schwärze der Haare und Augen. Er holte uns ab zu einem Gang in das Altdorf, wo eine byzantinische Kirchenruine war mit Wandmalereien — gewiß das erste, was dereinst der Knabe erblickte von seiner Kunst. Wir liefen auf feuchten Wegen immer weiter durchs Apfelsinental. Neben den reifenden Früchten hingen die ersten duftenden Blüten. So ging es hinab bis zum Strand in der stillgebetteten Bucht. Unermüdlich rollte das Meer

einen weißschäumenden Teppich nach dem anderen hin.

KNOSSOS

So hatte ich denn schon ziemlich viel von Kreta gesehen, bevor ich nach Knossos kam. Es war mir anders gegangen als den meisten, die sonst die Insel besuchen, in Iraklion zu Schiffe ankommen und alsbald auf der kurzen, ausgezeichneten Autostraße nach Knossos hin fahren. Sie sehen in dem berühmten Ausgrabungsplatz das Wunder von Kreta, das Erste und Beste der Insel. Es kann mir recht sein, daß es sich mir nicht so fügte und daß ich mich von meinem Vorgefühl anders leiten ließ. Das Minoische ist seit seiner überraschenden Wiederentdeckung wohl allzu sehr und allzu ausschließlich mit dem Namen von Kreta verknüpft. Wer Kreta hört, denkt gleich an den Sagenpalast von Knossos.

Mir war damals die Stimme der Insel schon anders vertraut, ihre ewige Schönheit hatte sich mir schon tief eingeprägt, ihre Natur, ihre Gipfel, ihre Ebenen, ihre Wein- und Getreidefelder waren mir längst zum goldenen Grund ihres Bildes geworden, und was die Menschen betrifft und das, was sie bauen und bilden und wieder zerstören, so hatte ich zuallererst die Bauern von Kreta kennengelernt, die Jahrtausende mit sich im Blute tragen, Männer wie jenen Lehrer von Thronos hinter dem Pflug, und das Beharrende ihrer Art war mir zum Orgelpunkte aller Töne und Weisen geworden, die die Geschichte im Laufe der Zeiten auf Kreta erfand. Das Griechische war mir am Ida, in Gortyn gewaltig nahe gekommen, und mein Flug über die Insel hatte mir die immer neuen Geburten der Alter gezeigt. Jetzt erst kam Knossos hinzu, als das Früheste und Erstaunlichste zwar, aber doch nur als eines von vielem.

Der gute Geist, der mich während meiner Tage auf Kreta sichtbarlich bei der Hand nahm und glücklicher führte, als ich es in meinem Unverstand manches Mal wollte, ließ mich, als ich zum ersten Male nach Knossos lief, auch einen viel besseren Zugang finden, als es die breite Straße ist, die eigentlich mehr eine Verlängerung der Teppichläufer des Hotels König Minos darstellt denn ureigenes Kreta. Ich hatte zu meiner Zeit in Iraklion ein Quartier vor der Stadt am Rand einer flachen Talmulde. Die Karte wies mir, daß ich nach Knossos gelangen müsse, wenn ich vom Meere weg das Tal hinauf ohne Weg lief. Erst als ich in Knossos angelangt war, sah ich ein, daß es das trockene Bachtal des Kairetos war, das mich geführt hatte, und daß es somit der alte eigentliche Zuweg der Stadt zum Meer und zum Hafen war, der jetzt verschwunden ist.

Es war an einem Morgen, als wir, der Sifi und ich, derart nach Knossos kamen. Wir hatten nur kurze Bauernfahrwege oder Feldraine, oder liefen geradenwegs über die Hügel durch Weinäcker mit kalkigem, weißem Boden. Denn das Land rings um Knossos ist locker gelöst, es ist ein sanftes Gewoge von Höhen und Hügeln, wenig gegliedert und wenig gesteigert, ohne markanten Punkt. Es ist kreidig und wie überpudert; vielleicht daß es manchmal, Weinstöcke auf Weißem, an den Jura erinnert oder an manches in der Champagne.

Das ist das Bezeichnende an dem Hügel von Knossos: er ist ohne Auszeichnung und ohne Notwendiges. Er ist weder der höchste noch der niedrigste ringsumher, ist weder besonders gesichert noch besonders bewässert noch besonders schön. Man kann wohl nicht anders, als gerade in diesem Mittleren, Milden das zu erblicken, was der laulichten Temperatur des Minoischen besonders entspricht.

So kommt es, daß man sich Knossos nähert, und hat sich's gar nicht erhofft. Wir standen schon lange auf dem Baugrund der späteren großen griechisch-römischen Stadt, ohne den Hügel erkannt zu haben, der den Palast König Minos' trägt. Ein Wäldchen von Zypressen und Kiefern ziert und versteckt das Gebaute.

Welch seltsamer, höchst verwunderlicher Anblick ist es sodann, wenn man näher herzudringt! Man glaubt nicht recht bei sich zu sein. Da sieht man halbhohes Gemäuer, grau und im Anfang verwirrend, wie man es so oder ähnlich von vielen Ausgrabungsplätzen her kennt — mitten dazwischen indessen recken sich Hochbauten auf, neu und blockhaft, grausam zementen, mit grellbunten Farben bemalt. Selbst Sifi meinte, es hebe sich ihm der Hut.

Die Ausgräber haben gewagt, was niemand sonst wagte und was des Andachtsinnes, der sonst bei antiken Grabungen waltet, gänzlich entbehrt: sie haben große Teile des alten Palastes kühn wieder aufgebaut, nicht so hoch, wie sie einstmals wohl waren, aber doch zum ersten, zum zweiten, ja auf tiefer hangwärts gelegenen Stellen bis zum dritten und vierten Stockwerk hinauf. Da dies Neue natürlich nicht überall und nicht zur Gänze zu leisten war, sondern das Gewesene mehr andeuten will, so ist auf dem Gelände nur dies und jenes probeweise und vereinzelt emporgeführt. Säulen sind nur zur halben Höhe ergänzt, Mauern und Decken brechen ruinenhaft ab in zackigem Bruch, Treppen — ergänzte! — führen ins Leere hinauf, ins Himmelsblau. Neues, Grellneues, steht neben viertausendjährigem Altem und mischt sich und mengt sich, ganz so wie die Gefühle dessen sich mischen, der dies zum ersten Male erblickt.

Als erstes wird klar: der gute Geschmack war bei diesem Wiederherstellungswerk nicht zu Gaste geladen. Das Material des Neuen ist der Beton. Zu seinem Ruhme kann man nur sagen, daß er wenigstens niemals verleugnet, zu sein, was er ist. Überall sieht man den Abdruck der Holzverschalung, die dem ehemals feuchten Gemisch die befohlene Form gab. In Königsgemächern sind Wände und Decken zum einen Teile ehrwürdig und alt, zum anderen Beton. Man möchte aber gern wissen, ob man sich in den Gemächern einer Prinzessin befinden soll oder in einem neuzeitlichen Bunker. Dazu kommen die Farben. So wie sie da stehen, eindeutig brutal, wird eins zur Gewißheit: so kann es niemals gewesen sein und so war es auch nicht. Und wenn es dieselbe Farbe wäre, von der man wohl Spuren und Reste fand: es kann ja nicht angestrichener Zement die Stelle von Alabaster vertreten, den Künstler einst färbten. Welch unheilvolle Verwirrung.

Man fühlt sich in Knossos eher auf einem Ausstellungsgelände, auf dem dies und jenes gezeigt wird, als auf einem ehrwürdigsten Platz der Geschichte der Menschheit, ja, das Schaukelgefühl zwischen Trug und exaktester Wirklichkeit ist dem nahe verwandt, das man vom Besuch eines Filmgeländes her kennt.

Man fragt sich, aus welchem Geiste dies alles geschah. Wohl muß es der Geist konsequentester Wissenschaft sein, aber doch einer Forschung, die ihre Grenzen, ihr Maß, völlig verlor und sich nicht mehr besann, welcher Platz in der Ordnung des Geistes ihr zukam und wo und wem ihr zu dienen bestimmt war. Keinesfalls kann die Begierde zu wissen über Dinge verfügen, die ja nicht um ihretwillen geschaffen wurden, da waren und sind. Kunstwerke und Bauten anderer Völker und Zeiten haben, ob auf oder unter der Erde, ihr eigenes Leben, ihr eigenes Recht. Die Wissenschaft kann nur einer der Wege von mehreren sein, auf denen man sich ihnen zu nähern vermag. So mögen die, denen der Wissensweg der gegebene dünkt, zusehen, daß er, wenn sie ihn bahnen, nicht andere Wege blindlings zerstört.

Denn so wie es ist, bietet Knossos das Bild einer jäh stattgehabten Verwüstung. Das Gefühl der Zerstörung ist heftiger noch und schmerzlicher wachgerufen als sonst bei Ruinenstätten aus alter Zeit.

Ganz abzusehen von Knossos: welch sonderbares Beginnen ist alle Ausgräberei! Über der Leidenschaft, wieder ans Licht zu ziehen, was in der Erde ruhte, über dem Drange, Teuerstes zu ergründen, zu retten, zu bergen, vergißt es sich wohl, daß Ausgraben auch wieder Preisgeben heißt und daß jede Ausgrabung im Grunde auch eine Zerstörung ist. Was da drunten jahrhundertelang der Zeit und Vergänglichkeit gleichsam entrückt war, das wird, wenn es da ist, wiederum eingeschüttet in das Mahlwerk der großen Mühle, die alles zerreibt.

Über die Grabungsstätten wächst Unkraut und Gras, und der Boden sucht gierig wiederum zu verschlingen, was er solange besessen. Kriege und Wetter ziehen von neuem über das Freigelegte hinweg, und die Menschheit, in wunderlichem Streit mit sich selber, sieht sich gezwungen, es vor der eigenen Wut zu schützen. Freiwillig senkt sie wieder hinab, was sie vorher der Erde entriß. Denn die fühl- und zeitlose Tiefe vermag immer noch besser zu schirmen als die Tageswelt.

War es nicht immer so! 1794 schrieb man, als noch eine Säule der Propyläen auf der Burg von Athen, eine Kostbarkeit, der die Verehrung der Welt zu jener Zeit lange schon galt, in den Kalkofen ging, Kostbarstes auf Delos wie überall, auf den Inseln besonders, ist erst während des letzten Jahrhunderts verlorengegangen. Unaufhörlich vollzogen sich in Griechenland klägliche Dinge: Raub und Diebstahl und Handel und das Verkommenlassen durch Gleichgültigkeit und platten Unverstand, der Marmorbil-

der zu Kalk für Mörtel und Bronze für Geld verkauft. Aber sind sie beendet diese Zerstörungen? Im besten Willen, mit Wissen, Scharfsinn und Fleiß, wie ihn nur ein leidenschaftlicher Glaube erzeugt, hat man nicht nur ausgegraben und freigelegt, sondern wieder aufgebaut. Von den Propyläen steht jetzt wieder mehr als vor einem halben Jahrhundert, der Nike-Tempel, vor hundert Jahren schon einmal Stein für Stein aus dem Schutte zusammengesetzt, wurde abermals zerlegt, und nun steht er schön und verjüngt wieder da. Das Schatzhaus der Athener in Delphi ward wieder errichtet, und vom Parthenon sehen wir jetzt ein Drittel mehr, als unsere Väter sahen.
Aber: ist eine wiederaufgebaute Säule die, die sie einst war? Sind denn die Mauern, in denen ergänzte Steine stecken, diese Säulen mit neuen Trommeln und Teilen: sind sie das, was gewesen ist?
Kann man Verlorenes retten, indem man Geschichte leugnet und Vernichtungen ungeschehen zu machen versucht? Indem man mit Trippelschritten zurückläuft auf dem strömenden Bande der Zeit, das uns selber stündlich mit fortreißt? Jener Schuß, der damals den Parthenon in der Mitte zerriß, war gewiß eine Handlung barbarischen Kriegersinnes. Wenn nun gelehrte Verehrer des Alten die zerschmetterten Säulen jüngst wieder erhoben, so taten sie wohl, was sie glaubten zu müssen, und die Welt weiß ihnen die Mühe zu Dank. Aber man täusche sich nicht: was sie unternahmen, ist auch nur ein Schritt weiter weg von dem, was einst war.
Was Griechenhände so und so fügten, läßt sich nicht

wieder gewinnen, indem man stückt und bessert und flickt. Die Reinheit und Klarheit des Steins, die Gesinnung der Fuge, in welcher sich Marmorkorn so an Korn schmiegt, als sei etwas zusammengewachsen: die Unschuld wird nicht zum zweiten Male gewonnen. Darf man es wagen, an solcher Stätte zu täuschen? Und selbst wenn man etwas aufs Haar wieder so baute, wie es einst war, so ist es doch nur ein Trugbild und Lüge. Unser Tun, nicht das ihre.

In Knossos ist der Weg, den man allenthalben beschritt, nur zu Ende gegangen. Der Triumph der Ausgräberei wird zum Tode des Ausgegrabenen, des Echten. Was man errichtet hat, ist Ausstellungswerk einer Wissenschaft: ist das also alles, was unsere Zeit an dieser Stätte zu sagen hat? Wir hätten der Kunst und der Religion dieser Menschen nichts zu erwidern als unsere Wißbegier? Hat nicht die Wissenschaft selber zu ihren besseren Zeiten gewußt, daß sie auch nur ein Weg zu Erkenntnissen ist über sich selber hinaus, nicht aber ein kahles, stolzsicheres Selbergenügen?

Die Ausgräber von Knossos haben Knossos gefunden und gründlich zerstört. Mag sein, daß in diesen Zeiten der Wiederfindung minoischer Kunst ihre Arbeit Teilnahme erweckt; was aber wird man nach hundert Jahren, wenn das Neue auch wieder Vergangenheit ist, wenn es dann selber schäbig und gestrig aussieht: was wird man dann von einer Willkür wie dieser wohl denken? Dies Neue, es wird altern in Schande.

Man wird, was da gesagt ist und Knossos nur unter anderm betrifft, wohl nicht so verstehen, als ob es die Lebensleistung des englischen Gelehrten verunglimpfen wolle, der im Grunde mehr den Geist seiner Zeit als eine persönliche Gesinnung vertrat. Sir Arthur Evans hat die minoische Welt aus dem Sagendunkel erweckt. Glück, Fanatismus, eine berühmt gewordene Intuition und ein ganzes darangegebenes Leben haben dieses Werk möglich gemacht. Seine Schlüsse, die er freilich an einem Modell im Museum auch hätte zeigen können, sind, wenn ich recht bin, von keinem anderen Gelehrten angefochten worden; das will etwas heißen.
Es ist ihm geglückt, dem Abendlande ein Märchen, ein versunkenes Wunderland zu erschließen und zu einem ganzen Bilde zu runden. Aus den wenigen Trümmern und Resten, die von dem Minoischen übriggeblieben sind — nachdem diese Welt sich plötzlich und schnell dereinst aufgelöst hat, so wie eine tropische Blüte plötzlich verdirbt: sei es, daß Erdbeben die Paläste zerstörten oder Brand, oder ein Kriegseinbruch des Volkes aus dem Norden, der Achaier, sei es, daß all dies zusammenwirkte zu einem großen verflochtenen Unglück, zum gewaltig schnellen Zusammensturz einer Kultur — aus den wenigen geretteten Resten hat dieser Gelehrte das Mögliche wiedererstehen lassen, indem er vor allem

das eine mit dem anderen verglich und erschloß, das Bauliche mit dem Bildlichen, die Malerei mit den Gemmen und Vasen, Knossos mit Phaistos, mit dem Jukta, mit Mallia, mit Hagia Triada und Gurnia.

So erwuchs ihm im Laufe eines forschenden Lebens das Bild dieser Welt und dieses Palastes, der vielschichtig den Hügel bedeckte, mit seinen wohl zwölfhundert Räumen, seiner gemalten Pracht, seinen gedeckten Aufgängen unter Säulenhallen, die Firste gekrönt mit Stiergehörnen aus Marmor, dem religiösen Königsymbol, mit der steinernen Straße der Prozession, die außen in Stockwerkshöhe rings um den Palast lief im festlichen Freilicht der Landschaft. Mit Loggien, die schattend Ausblicke boten, mit Schächten durch Stockwerke hinauf, die den inneren Gemächern Helle gewährten, aber gedämpfte nur, schattend und kühl; mit theatralischen Stockwerkreizen, Galerien, Balkonen und Fensterblicken und vor allem mit dem großen mittleren Hof, der als Baumotiv überall im Minoischen wiederkehrt und Schauplatz erstaunlicher Feste war, von denen die Bilder und Gemmen immer wieder erzählen, jener Tänze und Ritterproben am heiligen Stier.

Welcher Glanz, welche Pracht. Es ist sicher, daß diese Entfaltung getragen war von der einen heiligen Königsperson, in deren Strahlenmitte alles zusammenschoß, unvergleichlich, unangefochten, gottgleich erhaben. Denn alles war Kult, alles Religion; aber der göttliche König war leibhaftig zugegen. Die heilige Macht war weltlich, und weltlicher Glanz war der heilige auch.

Solch eine Einheit des Gottkönigstums hat das Abendland seitdem nicht wieder erlebt. Vergleiche müßten ins Weite gehen, nach Japan oder besser vielleicht, weil dort auch die weiche Friedensluft weht und alles Fanatische fehlt, ins goldene Kaiserreich Montezumas in Mexiko.

Auch an indische Wunderpaläste ließe sich denken, wenn man sich müht, den Hügel von Knossos aus den vorhandenen Trümmern zur einstigen Gänze emporzuträumen, viel eher gewiß als an alles Abendländisch-Vertraute; die Phantasie muß die Hilfen durchaus im Exotischen suchen. Es will mir nicht einleuchten, daß manche so enge Verwandtschaft zwischen dem Geiste der späteren griechischen Kunst und dem Kretisch-Minoischen sehen. Ich fühle durchaus ein anderes Klima, eine andere Luft. Alle einzelnen Elemente scheinen mir fremd, so fern vom Griechischen, als es nur sein kann! Der Palast hatte keine Fassade, die einzelnen Glieder waren nicht nach außen zusammengefaßt und geformt; nur nach innen fanden sie im Rechteck des Hofes eine Ordnung. Von fern aber muß der Bau als ganz vielschichtig Gehäufeltes, ganz Regelloses erschienen sein. Das Gegen-die-Regel, nach unserem Gefühl, ist geradezu Grundsatz. Symmetrie ist vermieden, wo es nur geht, immer sind Türen aus der Achse gerückt, und Pfeilerreihen decken sich nicht. Auf Vielfalt, Reichtum, gelöste Verwirrung zielt alles ab.

Das war es, was dem griechischen Sinn die Vorstellung erweckte, in diesem Labryspalaste, dem Hause der Doppelaxt, in einem Labyrinthe zu sein.

So fremd wie nur möglich, will auch die minoische Säule erscheinen; es gibt nichts, was unserem eingewohnten Säulengefühl mehr widerstrebt. Sie verdickt sich nach oben, nach unten zu wird sie mehr spitz, sie ist walzenförmig. Sie scheint zu hängen mehr, als zu tragen; ihr Urbild mag wohl der Stalakmit aus Tropfsteinhöhlen sein, da wir wissen, daß dies ihnen heilige Steine waren. Was aber hat dies mit der griechischen abendländischen Säule zu tun, die wachsend und tragend emporsteigt, pflanzlich verjüngt? Es bleibt ein fremdes, exotisches Bild, fremd wie auch das Mauerwerk bleibt, das im Innern meist Stopfwerk von formlosen Bruchsteinen ist, nach außen mit weichglattem Alabaster bedeckt, der jetzt so seltsam runzlig verwittert ist und aussieht wie firner Schnee.

Die Sprache der Mauern! Man hat sie in Griechenland alle, und immer blickt man dem Volk, das sie schuf, in die Seele, in das Gewissen und Herz. Die zyklopischen Blöcke in Mykenai und Tiryns: unbändige Kraft. Die polygonalen der archaischen Zeit, die schönste in Delphi: Naturgesang. Die klassischen Quadern: Höchstes und Reinstes der Menschheit, besonnenes, lauterstes Maß, einzige Mauer, die zu singen vermag, einzig würdig des griechischen Lichts, das hindurchdringen könnte, es würde nichts finden, was unwert der göttlichen wäre. Und dann die römische Masse, selten beseelt, im Inneren oftmals gestaltloses Backwerk, Ziegelgestein.

In der minoischen Mauer sehe ich vor allem das Künstliche; sie spricht im alabasternen Überzug.

Man kann vergleichend an Spätestes denken: an die kostbare Tapete, den Behang eines Salons.

Das Bild, das man sich vom Leben in diesem Palaste zu denken hat, ist phantastisch genug; doch geht aus den Wandmalereien viel mit Gewißheit hervor. Man liebte die Vielzahl. Gesellschaft war alles. Man liebte Aufzüge, Schauspiele und Feste. Es wehte Hofluft. Man gerät, wenn man darüber spricht, wie von selber an Worte und Bilder unserer höfischen Zeiten, seien es die der Minnezeit oder die des Barock und des Rokoko. Nie wird man von griechischen Damen sprechen; für Knossos ist dies das gegebene Wort. Die Damen also von damals leisteten sich das Preziöseste an Kleidung und Schmuck. Es gibt schlanke Taillen, gepuffte Ärmel und Röcke, wie man sie bei uns um die Mitte des vorigen Jahrhunderts trug: glockig pompös, mit zierlichen Rüschen besetzt. Dies ist auch die Kleidung der Göttinnen. Der Busen bleibt immer ganz frei. Man trägt gedrehte, gesalbte Locken, man trägt eine Überfülle von Schmuck, von Ringen und Ketten. Es gibt den Handschuh, auf einem Bilde zur Erde gefallen, deutlich zu sehen, den es Jahrtausende vorher und nachher nicht gab. Die Männer tragen die Körper fast nackt. Auch sie scheinen die Taillen zu schnüren mit metallenen Gürteln auf bloßer Haut. Die Gestalten sind edel gezüchtet und schmal, die Körper dunkelfarbig, die Köpfe länglich und fein. Hoher Adel kommt auf alle Fälle zum Ausdruck. Adelig ist das Schreiten der Opferträger; sie sind geschmeidig, tänzerisch, stolz und frei. Das Bild eines hochgeschmückten Prinzen, der nackt ist, nur mit dem Lendenkleid, auf kunstvollen Schuhen schreitet und einen pompösen Federhut trägt, ist gewiß eines der edelblütigsten Bilder in der Geschichte der Menschheit.

Aller Sinn ist dem Behenden, dem Geschmeidigen zugetan. Das Akrobatische ist höher in Geltung als die athletische Kraft. Die Freude am Schnellen, am Flinken und Momentanen geht durch die ganze Kunst: sie ist voller Elan. Es zeigt sich am schönsten im Wandbild der fliegenden Fische, das voll eines heiteren Zaubers ist. Es liegt eine Welt zwischen da und der statuarischen ägyptischen Kunst.

Der Triumph des blitzschnell Behenden ist das Stierspiel, das so oft und so gern und bedeutend auf Bildern, geschnittenen Steinen und in Elfenbein dargestellt wird, daß kein Zweifel sein kann, es als Mittel- und Hauptstück der kultischen Feiern zu denken. Es galt, in schwimmendem Sprung über den Stier zu setzen, über die Hörner und im Salto über den ganzen Tierleib hinweg: eine starke Probe in Mut, Gewandtheit und Kraft.

Die einzelnen Zimmer des Königspalastes sind überaus klein. Sie können unmöglich Möbel in unserem Sinne enthalten haben. Es wird alles aufs Niedrigste gestellt gewesen sein: flache Tischchen, Kissen und

Matten am Boden. Köstliche Vasen und Geräte mögen auf der Erde gestanden sein. Man darf auch hier zum Vergleich an Japanisches denken und mag sich erinnern, daß Möbel nur im Abendländischen eine so große Rolle spielen. Auch heute noch wird es damit, je weiter man südlich kommt, um so weniger, schon in Italien. Hier auf dem Lande kommt man fast ohne Tisch aus; der Stuhl schafft das meiste.

Vielleicht gibt das zierliche Damengemach, das der Ausgräber natürlich der Königstochter Ariadne zuschreibt, das lebendigste Bild. Zwar ist es jetzt nur noch ein dämmeriges, ungemütliches Gemach, aber es ist ja wohl nicht zu verlangen, daß sich das Feine über die Zeiten erhielt. Noch steht indessen in einem Raum eine kleine tönerne Wanne fürs Bad und ein Bodenpodest, ganz niedrig, hat Wasserleitung von draußen herein durch die Wand. Es war ein Toilettentischchen, gewiß mit einer Fülle von Fläschchen und Vasen und Dosen, mit Stiften, Pinzetten und Wässern: mit all jenen Dingen, die der Lauf der Geschichte, mögen sie ihn zuweilen auch etwas geändert haben, selber am wenigsten ändert.

Auch der Raum mit dem berühmten Throne des Königs ist sonderbar klein. Keine Rede von einem Thronsaal; es ist nur ein dunkelkühles Schattengemach, das von oben gebrochenes Licht erhält; auch durch die Tür und einen Säulenvorraum blickt man nach draußen ins Helle, ins Heiße. Große Empfänge, bedeutende Akte können hier nicht gewesen sein. Vielleicht war es ein Opfergemach oder ein Raum des Gerichts oder stiller, ernster Beratung.

Eine niedrige Steinbank rings an der Wand zur Linken und Rechten des Throns mag ein Gefolge von etwa zwölf Priestern und Räten gestattet haben.

Der Thron selber — einen älteren in der Geschichte der Menschheit kennen wir nicht — ist ein einfacher Steinstuhl. Die Lehne mit einer flammenhaft gewellten Schlängelkontur hat Haupt und Oberleib eines Mannes umrahmt, den man sich klein denkt, fast zierlich und schmal, und wohl von Dämonie und Weisheit erfüllt. Dieser Raum, dieser Thron: es ist schon ein großer Moment. Der Herr dieses Palastes und Reiches — König Minos selber doch offenbar — wird drängende Gegenwart. Diese Gestalt, die vor der Entdeckung von Knossos nur im Hall der Sage, im Mythenschleier erschien — Sohn des Zeus und Europens, Richter der unteren Welt! — hier ist sie auf einmal im Lichte des Wirklichen mit einem sichtbaren Unterpfand da.

Noch etwas, das stärker bewegt: daß es ein Herrscher war, dessen Größe und Ruhm nicht durch Gewalttat, Eroberung, Krieg den Abgrund der Zeit überwand, sondern durch Güte. Denn die Sage, die immer recht hat im Grunde, weiß König Minos durchaus nur zu rühmen: selbst die Sage der Griechen, eines ihm fremden, später eindringenden Volkes. Nur seine Größe und Güte hat ihn vergottet. Wie stark muß das Maß und das Bild seiner Gerechtigkeit gewesen sein, wenn selbst dieses späteren Volkes Glaube ihm das Richteramt über seine Toten verlieh! Wie kraftvoll muß seine Milde gewesen sein, wenn es hieß, Zeus habe ihn bis zu seinem neunten Jahre erzogen, und späterhin habe der Sohn alle neun Jahre Einkehr beim göttlichen Vater gehalten, der ihn aufs neue mit Weisheit füllte und Kraft. Es fällt vom Abglanz der Sage ein himmlisches Licht auf diese Gestalt, auf sein Reich, auf die Insel, die Friedensmacht, die das Wunderreich Kreta, in Schönheit einsam und stark inmitten des Meeres, einmal gewesen sein muß.

Unter dem Bild dieses Herrschers ohnegleichen — bis zu Alexander, ein Jahrtausend danach, ist kein König so glücklich, so groß; und selbst diesem ist wohl der Glanz, nicht aber das Beständige, das Friedensfürstliche eigen — erscheint uns die ganze minoische Welt. Es wird von allen, die jemals etwas davon sahen, als erstaunlich empfunden, daß ein so glänzendes Reich so offenbar ohne Kriege bestand. Was immer man auch davon sieht, man gewahrt nichts von Waffen und nichts von Wehr. Es kann weder eine sehr kämpferische noch eine bedrohte Welt gewesen sein. Die Malereien erzählen von sportlichen Kämpfen, nichts aber von Rüstung und Krieg. Die Paläste sind einer wie der andere in völliger Sorglosigkeit hingebaut. Phaistos am Berg hat keine schützende Mauer, Knossos liegt offen im weichen, welligen Land, ohne Befestigung, offenbar ohne Wache, Mallia ist ein Palast dicht am Meer und scheint an Gefahr gar nicht zu denken. Unter dem vielen Gerät, das sich fand, war keine einzige Waffe. Wohl hat man von jeher geschlossen, daß eine großmächtige Flotte das Inselreich geschützt haben müsse, und so wird es ja wohl auch gewesen sein. Aber es sieht doch nicht so aus, als ob Seekriegertum im Leben des Volkes eine so große Rolle gespielt habe. Da müßten doch starke Häfen und Festungen am Meere zu finden sein. So aber bleibt nur das Bild eines Reiches, das unangefochten jahrhundertelang in festgegründeter Ordnung bestand, im Innern so stark und adelig stolz, daß es doch nicht ermattete und weichlich verquoll.

Denn bei allem Luxus des Riesenpalastes, dessen Höfe den grellen Tagesschein brachen und das Ganze zu einem von Winden des Meeres und der Berge durchkühlten Gehäuse machten, der von Wässern durchspült und gereinigt war, wie es nicht einmal das Schloß von Versailles kennt — bei all diesem ausgeklügelten Luxus ist nichts von Üppigkeitswahn, und die Formen der Kunst bleiben heiter und klar und blütenhaft jung.

Die Kunst war in diesem Palaste, in diesem Reiche das schlagende Herz und die seelenhafteste Mitte. Sie kann nicht nur dem Glanzbedürfnis des Herrschers entsprungen sein, dafür bürgt das Moment der Andacht und Weihe, das Religiöse in einem sehr naturnahen, liebenden Sinn. Blumen, Blühendes, Treibendes ist in unvergleichlicher Schönheit begriffen und ausgedrückt.

Rührendstes Zeugnis des rastlosen Kunstschaffens am Hofe ist eine Zeile kleiner Gemächer, Künstlerwerkstätten dem Augenschein nach, in denen noch

jetzt halbfertige Dinge liegen, als hätten die schaffenden Hände sie in Eile verlassen. Doch ist es dreieinhalb Jahrtausende her, daß hier Künstler, in ihre Arbeit vertieft, zu ihrem Unwillen gestört wurden — wir wissen nicht mehr wodurch. Da sehe ich Blöcke von Steatit, die die Säge erst halbwegs durchschnitt, Steine, deren Fläche erst halbwegs poliert, und Vasen aus Stein, deren Höhlung erst zur Hälfte gewonnen war. Man fand kostbare Gemmen, an deren Schnitt die letzte Hand noch nicht gelegt ist.
Selbst die Gestalt eines überragenden Meisters hat sich im Dunst der Legende erhalten: die des Baumeisters, Erfinders und Allkünstlers Daidalos, der den Pflug und das Segel ersann, des fabelhaften Goldschmieds, den Homer als Schöpfer eines künstlichen Reigens für Ariadne preist, der die ersten Götterstandbilder schuf und der als der Erbauer von Knossos galt.
Viel mag in dieser Mythengestalt zusammengeflossen sein. Warum aber ward er, der erste, älteste Künstler, gedacht als ein Gequälter, glücklos, verfolgt, ja beladen mit Schuld? Er hatte seinen Schüler den Talos, erschlagen aus Eifersucht, und fliehend nur kam er nach Kreta. Dort sieht ihn die Sage als einen Gefangenen, in Unfreiheit muß er für König Minos schaffen. Und als er auf Flügeln entflieht, zieht er eine Wolke von Unheil hinter sich nach: König Minos führt einen Krieg, um den kostbaren Mann wieder zurückzuholen. Er findet ihn auf Sizilien, aber der unglückliche Zug bringt sein eigenes Ende, des Königs Tod.

So ist er ein Wieland der Schmied, jener Daidal, trägt Ketten und Fluch, ist von dunklen Dämonen verfolgt und zahlt mit Unglück und Qual, daß aus seinen Händen Köstliches quillt.

Oft war ich zu jener Zeit und später in Knossos. Fremd ist mir die Welt dort immer geblieben. Ich würde die Begeisterung schänden, die ich anderwärts für anderes empfand und auszudrücken versuchte, wenn ich's verschwiege. Nichts war in Knossos, was mich angerührt hätte, so wie mich und alle ein kleiner Rest einer griechischen Säulentrommel am Wegrand zu rühren vermag. Das Minoische wird mir immer ein fernes exotisches Wunderland bleiben.
Wenn ich vom Anschauen minoischer Vasen, Steine und Bilder zu den frühen griechischen Tongefäßen komme, den geometrischen Kannen und Krügen mit ihrer runenhaften Lineatur und ihren grüblerischen, beschwörenden Zauberzeichen, so ist mir, als ob ich aus Treibhausdünsten, aus üppigen Wundergefilden eintrete in kühlklaren Wind, und ich atme, von fern hergeweht, etwas wie Schneeluft.
Durchaus kann ich nicht finden, das Minoische sei mit dem Griechischen artverwandt. Ich bin sicher, es kommt vom anderen Ende der Welt. Aber es ist ja nun einmal so, daß dies Fremde in früheren Zeiten ins Griechische eingeströmt ist als breiter Strom. Die achaiischen Burgen, Tiryns, Mykenai, zeigen die seltsamste Verbindung von beidem: ein nördliches,

trotziges Außen und ein weiches, minoisches Innen: Räume, Bilder, Geräte, Gewebe, Kleider und Schmuck in jenem Geschmack oder kretischer Herkunft sogar. Was Homer schildert, ist oft genug ganz minoisch, wie der Palast des Königs Alkinoos in Phaiakenland.

Das vollzog sich am Jugendstande des griechischen Volkes. Das Junge verlor sich ans Fremde, staunend erlag es der weitgeöffneten Wunderblüte niemals für möglich geglaubter Pracht.

Es ist ja nie so, beim einzelnen nicht und nicht im Leben der Völker, daß die geraden Wege es sind, die sie gehen. Wege sind Umwege, Sichverlieren, Sichfinden. Auf Pfropfung ist alle Veredlung gegründet, auf Mischung Erhöhung. Es ist wohl das erste, nicht aber das letzte Mal in unserer Geschichte, daß Orient und Okzident sich begegnen und sich vermählen, der abendländische Zeus mit dem fremden Mädchen Europa.

Die fremde, verlockende minoische Welt war der Kindermärchentraum des jungen griechischen Volkes, war sein erstaunliches Bilderbuch.

Nach Ano-Archane kam ich, ohne zu wissen, daß es das beste Weindorf auf Kreta war. Doch fielen mir schon eine Stunde Weges zuvor die Weinfelder ob ihrer Fülle auf: Trauben, strotzend und schwer, und Beeren so groß, wie ich sie niemals gesehen, länglich und klargelb wie Mirabellen. Die Reben standen nicht wie sonst auf den Äckern als Stöcke und

Knorren, sondern rankten empor zu Lauben mit einem Dämmersaale darunter — ganz wie in Bozen.

Unterm Rebengerank hockten Frauen und Mädchen am Boden und schnitten die Trauben zurecht. Im Dorf floß der Most in Bächen. Ich kam mitten ins Keltergeschäft. In allen Magazinen rann es und gor es, die Trauben starben in den Wannen ihren Zermalmungstod, die Keltern schwemmten süßtrüben Saft aus sich heraus, rostbraune Berge von Trebern häuften sich auf den Straßen, und überall schwebte der Dunst von Most und Wein, der vom bloßen Anhauch benebelt.
Ein reiches Dorf. Eigentlich müßte es stattlich sein. Aber man merkt nicht viel. Die Bauern sind reich — überhaupt sollen die meisten Bauern auf Kreta ihre paar Oka Gold im Keller oder vergraben haben — aber stattlich ist nichts.
Reichste Gegend und bester Wein. Aber primitiv bleibt, wie sie verfahren. Nicht daß sie den Wein mit nackten Füßen treten, halt ich der Rede für wert, aber daß es verrostetes Eisengestänge ist, womit sie schöpfen, das ist es, was mich stören würde — wenn ich nicht eben so lange schon in Griechenland wäre. Neugriechenland stellt sich nicht ohne Benzinkanister vor, die zu allem gebraucht werden: zum Wasserholen, zum Wein, zum Öl, vor allem aber als Blumenkästen. Zu Millionen überschwärmen sie das Land und die Dörfer, stehen an allen Bauernhäusern, verbeult und rostig zumeist unter der schadhaften Tünche von unzulänglichem Weiß.

Dann wieder sah ich bei einem Bauern eins der minoischen Tonfässer stehen. Ich hob den Deckel. Es war randvoll gefüllt mit dem Safte der Trauben, der kochte und gor, von einem unsichtbaren Feuer geheizt. So geht Ehrwürdig-Schönes mit dem Kolonialen zusammen, mit neuzeitlichem Anschwemmgut, und niemand scheint den Mißklang zu hören.
Zwar wissen sie wohl in einer Falte ihres Gewissens, daß eigentlich alles anders sein sollte. Wenn man so hintritt zu ihnen, wie sie hantieren an einer verdorbenen Maschine oder an einem schaurigen Behelfsgerät, hantieren mit rostigem Draht, Konservendosen und Wellblech, mit erbarmungswürdigem Werkzeug, so schauen sie auf und haben im Blick etwas von drolligen Hunden mit schlechtem Gewissen, etwas Geniertheit und Selbstspott. Aber ein Achselzucken, ein »Ti na kanome, Was soll man machen?« oder ein »Den pirasi, schadet nichts!« spricht sie frei vor sich und der Welt, und das Seelchen hüpft wieder mit Urlaub davon. Seltsames Land.
Dies Land hat das Köstliche — das täglich Notwendige hat es nicht. Es hat Überfluß im Überflüssigen, es hat Wein, Mandeln, Melonen, Orangen, goldglasige Rosinen, es hat die Früchte des Paradieses — aber Brot hat es nicht. Es hat Marmor — aber kein Holz. Es hat die Menschheit gelehrt, Tempel zu bauen und Paläste — aber es baut sich selbst nicht einmal saubere Häuser. Die Welt nennt ihre Erfindungen mit griechischen Namen — aber Griechenland selber kann sich nicht das geringste davon selber erzeugen, nicht Maschinen, nicht Motoren, die

es doch so heiß liebt, wie alle kindlichen Menschen es tun, nicht Brücken, nicht Bahnen. All das muß es sich borgen von der anderen Welt, trägt mit Engelsgeduld auf, was die anderen abgelegt haben, und repariert es sich immer wieder mit närrischem Geschick, in einem dauernden, rührenden, komischen Kampf mit dem Ewigkaputten.

JUKTA, GRAB DES ZEUS

Über Archane, das zwei Stunden vor Knossos liegt, steigt man noch eine Stunde zum Berge Jukta hinauf. Er ist nicht hoch, aber kein Berg auf Kreta steht so einzeln für sich. Es ist ein schmaler, langhin gestreckter Felsgrat über dem pudrigen Hügelgewoge des Landes um Knossos, und er zeichnet so eine unverwechselbare Kontur in den Himmel, daß er stundenweit nach allen Richtungen den Blick auf sich zieht: eine Brandungswelle aus Stein, deren Kamm sich in einem Brecher selbst überschlägt und andererseits senkrecht zu Tale stürzt.

Das ist das Grab des Zeus.

Ich bin hierhergekommen, weil dieser Berg mir schon lange Gedankenziel war. Der Dichter und Freund Martin Raschke hat diesen Felsenort zum Schauplatz eines erdachten Mahngespräches gemacht, das vielen seiner und meiner Altersgenossen Bekenntnis und Aufruf war. Auch Götter leiden und sterben, sagte er, wenn sie nicht der Opferdunst der Erde mehr nährt, wenn nicht die Kraft eines Volkes sie glaubt und glaubend ihr Bild zum Himmel emporstemmt, in welchem sie schweben. Dann sterben selbst Götter und mit ihnen ihr Helfendes auch.

Er schrieb es in seinem Häuschen in Loschwitz mit dem Ausblick aufs Elbtal und den Kirchturm vorm Fenster, und eines Abends las er mir's nachbarlich-freundschaftlich vor. Er schrieb es ohne zu wissen, wie es aussieht im fernen Kreta, nach deutscher

Weise, nach Hölderlins Weise und aller, die je in Griechenland träumend zu Hause waren, wie man nur in einem Heimatlande der Seele zu Hause sein kann, das man ganz zu eigen besitzt.
Nun bin ich hierhergekommen, und ich habe gebrannt, ihm sagen zu können, wie es wirklich hier aussieht, so wie ich wohl jede Seite, die ich hier schreibe, für ihn schrieb, damit sie vor ihm bestehen könne. Aber da kam der Brief und die Tage und Nächte voll Kummer. Auch er ist nicht mehr.
Was soll ich noch hier, der ich sprechen wollte mit dir bis in fernste Tage, du, dessen Lust es war, aufzubauen, tapfersten Geistes? Wem schreib' ich, wem versuch' ich es recht zu machen, wem zu genügen, wenn du nicht mehr bist?
Wir werden, solange wir zu leben haben, mit einem Schritte dort drüben stehen.

Als ich hinaufstieg, war einer der ersten Tage im Jahr mit schweren Wolken am Himmel. Aber was für magisches Leuchten dazwischen hervor in Schüssen und Blitzen von Licht! Schräg stürzendes Gold aus blaugrauen Wolken! Die Küste leuchtete rotgelb auf wie im Schein einer Zauberlaterne: in einem verliehenen Glanze. Das Meer war vom reinsten und ernstesten Blau. Die Insel Dia lag bald in den Schleudergarben des Lichts, rötlich durchglüht, bald in wandernden Schatten. Die Stadt Iraklion war ein helles Gewimmel, weitaus griffen die Zangen der

Mole. Das Bergdorf Rogdia hoch überm Meer schimmerte weiß. Ida und Dikte sind hier gleichweit entfernt. Am Ida hausten schon Abendschatten, stahlblau, alles groß überatmend.

Was aber war mit dem Dikte? Im späten Lichte, das er empfing, war es ganz ungewiß, ob er nah oder sehr weit, ob er überhaupt noch im Wirklichen war. Seine Gipfel erschienen zinnenhaft fern. Sie waren wie eine Krone, aufs Haupt der Insel gedrückt mit einer göttlichen Gnadengeste. Eine Märchenkrone aus gemmenhaft zartest geschnittenem Stein, violett, amethysten.

Welch ein Kretablick selbst an diesem dunklen Tag! Großartiges Land, wenn aus hallendem Himmel das Licht von überall strömt, großartig auch, wenn es gebunden in Kampf und in Blitzen seine Gewalt noch dringender spüren läßt! Niemals ist diese Insel, dies Urland, nur lieblich, niemals schmeichelnd, oft erschreckend im Wüsten, trostlos in seiner Menschenverachtung. Und oftmals geschieht dann das Wunder, daß das Starke ins Zarteste, Feinste schmilzt über alle Größe hinaus — wie damals, als ich den Ida zum ersten Male von ferne sah.

Die Vorstellung von einem Grabe des Zeus auf dem Jukta ist rätselvoll seltsam. Sie hat sich bis heute im Volke erhalten als eine der wenigen Splitter von erinnertem Alten. Denn sonst weiß kein einfacher Mann hier zu Lande, es sei denn, er hat es ein wenig von Fremden gehört, noch etwas von alten Göttern und Helden, Dichtern und Weisen. Das Gedächtnis des Volkes ist wie eine Schiefertafel gelöscht. Niemand begreift hier so recht, warum eine Welt diese Namen und Stätten, dies Meer, diese Gipfel verehrend bedenkt. Das Volk hat den Ruhm seiner einstigen Größe erst von den andern erfahren als Echo, das fernher zurückdrang, als es das eigene Rufen längst schon vergaß. Um wieviel besser und schöner ist dies als einige dürre Kenntnis oder ein Pochen auf alten Besitz oder ein ängstlich starres Verwalten! Ich liebe den unbeschwerten Schritt, mit dem dieses Volk über ehrwürdigen Boden geht, und spreche zu keinem von dem, was ich hier suche. Und wenn ich finde, was alt ist, weil das Land und die Erde aus immer dem Selben das Selbe von neuem gebiert: ein gastfreundliches Haus, einen Namenstausch, ein ernstes Versprechen, den Gastbesuch zu erwidern, einen gefüllten Weinschlauch am Eselsattel oder ein Hirtenlied — so ist mir das unvergleichlich viel lieber als alles.

Lieber ist mir's, die Größe dieses Landes in seinem stummen Antlitz zu suchen. Das Bild dieser Erde ist hell durchglüht vom Nachglanz, der uns verblieb und erzieht und erhebt.

So stehe ich auch jetzt auf dem kahlen Rücken des Berges, der den obersten Gott im Grabe bewahren soll. Nichts kann ich finden als ein leeres Kirchlein, etwas öde und enttäuschend, wie es überall ist, und dazu die Spuren eines vorgriechisch-minoischen Heiligtums. Aber es leuchtet das Land in Wolkenblitzen.

Ich bin nicht gelehrt genug, um das Rätsel des begrabenen Zeus zu enträtseln. Es haben sich auch wohl Klügere schon den Kopf darüber zerbrochen. Aus Zeiten des ermattenden Altertums, des verbleichenden Glanzes der Götter kann diese Sage nicht stammen, denn sie kommt schon aus früher griechischer Zeit, wenn auch bloß gelegentlich etwas verlautet. So wird es wohl zu dem Sagengute gehören, das die Griechen aus älteren Zeiten ererbten. Das minoische Heiligtum spricht mir dafür. Vielleicht war es zuvor ein uralter Gott in dunkelsten Zeiten, der hier starb, wie Dionysos stirbt, von Titanen zerrissen, oder wie Christus stirbt und alles, was wahrhaft lebt, stirbt und vom Tode wiedergeboren wird zu höherem Leben.

So wäre selbst Zeus, das Haupt der hellenischen Götter, nicht gänzlich im Herzen der Griechen geboren, sondern trüge mit sich Ererbtes? Wer sich dadurch verwirrt sieht oder enttäuscht, der weiß nicht, daß Götter oftmals ererbt sind von anderen Ländern und Zeiten. Auch manche griechischen Götter kamen aus Osten, aus Thrakien, Lykien. In ihnen denken die Völker über ihr eigenes Leben hinaus. Die Götter sind ewige Wanderer, und sie leben in Toden und Wiedergeburten ein ewig sich wandelndes Leben. So empfingen die Griechen wohl auch ihren eigensten kretischen Zeus und mit ihm den Ort und die Idee eines sterbenden, wieder auferstehenden Gottes.

Aber sie haben mit diesem ererbten Gedanken nicht viel zu beginnen gewußt. Das Grabmal des Zeus auf

Kreta bleibt eine dunkle Sache auch für die Griechen. Es wird im Altertum mehr darüber geschwiegen als darüber gesprochen.
Denn ein olympischer Gott kann niemals sterben. Er lebt das Dasein ewiger Jugend in ewigem Licht, und oftmals scheint es eher ein hochmenschliches Leben, mehr paradiesisch in unserem Sinn, als offenbarungsreich göttlich. Es ist da doch, will es scheinen, wohl etwas wie eine Grenze: die hellklaren Götter Homers, wie ihre Marmorbilder festumrissen und schön, sie haben nicht alle und immer Teil am Grenzenlosen und an Geheimnissen, die tieferes religiöses Verlangen sucht. Deshalb trat auch Dionysos hinzu in den Kreis der olympischen Götter, der tieferen Wesens ist und trunkenere Bereiche eröffnet, deshalb suchte Apoll das Erbe der Pythonschlange zu Delphi, deshalb wuchsen die Mysterien mehr und mehr, ein dunkler, nährender, mütterlicherer Strom, der stillender war als Olympisches.
Zeus konnte nicht sterben und nicht wieder auferstehen. Die olympischen Götter waren wohl Götter für eine vom Sonnenlicht überschienene Welt, die der Erlösung nicht zu bedürfen schien und sich nicht danach sehnte. Es waren Götter für eine glückliche Stunde der Menschheit. Damals füllten sie genügend ihr Herz, das einmal, eine selige Zeitlang, nicht klopfte und pochte, so wie es seitdem unruhevoll pocht.

Wie ist es jedoch: stehe ich, stehen wir alle — in einem anderen Sinn — am Grabe des Zeus und am Grabe der alten Götter? Sind sie uns tot oder sind sie uns eine Erfahrung?

Wie merkwürdig ist das fortdauernde Dasein der griechischen Götter im Abendlande! Es führt seit Jahrhunderten ihre Namen im Munde — aber kann man, darf man göttliche Namen im Munde führen ohne zu glauben? Und doch hat keiner von allen, die sich der Antike verschworen, an griechische Götter wirklich geglaubt. Christliche Männer haben unablässig ihr Bildnis vor Augen getragen, als schlösse ihr Gott nicht andere Götter aus.

Wie können wir glauben wollen an griechische Kunst, an griechischen Marmor, griechische Tragödie und griechischen Geist — aber an griechische Götter nicht? Sollten sie uns nur Sinnbilder sein? So wären's nicht Götter, und aller Glaube an Griechenland wäre nur Schein. Nur Schwärmerei? Das wäre zu wenig; nur Gedankenspiel? unwürdig und Frevel; Nur Wissen, nicht Glaube? Zu leer. Nur Klage um ein verlorenes Alter? Zu rückwärtsgewandt. Nur Gleichnis? Zu wenig verpflichtend, zu gottlos.

Es ist eine Frage, die mich auf diesem Berge drängend befällt, die sehr der Antwort bedarf. Ich kann sie an diesem Abend nicht finden. Sie bleibt mir zu suchen.

Meine Wohnung vor der Stadt lag in einem Gartengute. Es war ein ehemals türkischer Landsitz. Nun hatte man das Unland unter den Olivenbäumen genutzt, hübsch bewässert und in grüne, saubere Gemüsefelder verwandelt. Das ganze Tal war erfüllt davon und redete überzeugend, welch ein Garten diese Insel gewiß einmal war und wozu man sie, zu aller Gewinn, auch wieder bringen könnte mit Wasser, Willen und geschickterem Fleiß. Ein blutjunger Bursche herrschte hier mit offenbarem Erfolg ziemlich selbständig.

Sein Vorgänger in gewissem Sinn, der türkische Herr, hatte sich wohl vor einem Jahrhundert am Talhang hinauf eine reizende Folge von niedrigen Gebäuden, Laubengängen, Steintreppen, kleinen Terrassen und Höfen angelegt. Es gab reichliche Muschelbrunnen, die in die Mauern eingelassen waren, und ein zierliches Springbassin, das freilich schon längst verlernt hatte, sein Wasserspiel aufzusagen; nur die halbmondgeschmückte Schale war noch da.

Zuoberst aber am Hang, unter einer Zeile von hellgrünen Kiefern, triumphierte ein Gartenhäuschen weit übers Tal, übers Meer, gegen die Insel Dia hin und die fernen Berge des Dikte. Es war samt seiner Terrasse überrankt von Christusdorn und Jassumi, der abendlich duftet wie unser Jasmin; darunter standen Granatapfelbäume mit ihren altrosa Früchten und flammend roter Hibiskus. Das Häuschen selber bestand nur aus einem Zimmer, das weiß getüncht war und weniger Wand als Türen und Fenster besaß: göttlichen Ausblicks.

Als ich dies Häuschen von ferne sah, dachte ich gleich an mich. Es glückte dann auch, es für einige Zeit zu bekommen.

Da hatte ich endlich die Eremitage am Südrand Europas, die mir lange schon unbestimmt vorgeschwebt. Das ganze war weniger türkisch, wenn man sich da nach Operndekorationen etwas vorstellt, sondern eher eine Art Biedermeier. Ich fühlte mich an gewisse Weinberghäuschen im Elbtal bei Dresden und Pillnitz erinnert und sah mich so in manchem Sinne daheim. Mit jenen hatte es auch den Reiz des Schlummernden gemeinsam, denn die ganze Anlage war derzeit verfallen und anderen Zwecken zugewandt. Die unteren Gebäude waren Lager und Werkstätten und Wohnung für eine Gärtnerfamilie, die damals aus Kleinasien geflohen war. Auch in meinem Häuschen lagerten Maiskolben, die ich beiseite schaffte, um das wenige, was man im Süden zu einer Einrichtung braucht, an ihre Stelle zu setzen: ein entfaltbares Tropenbett und ein Moskitonetz, einen geborgten Tisch und zwei Holzstühle. Viel mehr hat einer ja auch, wenn er hier ansässig ist, nicht — braucht er auch nicht, wo einen das Draußen immerfort anlacht.

Was mich an diesen Gartensitz zog, war der Duft des Vergangenen. Die Dinge wissen da um so vieles, sie haben die alte Gewöhnung zu dienen und nehmen sie gern wieder auf. Sie danken es einem, wenn man sie wieder belebt, denn sie verjüngen sich selber dabei. Es ist eine Eingefahrenheit da, sie spüren das frühere Geleis: der Steinfußboden, dessen Fliesenmuster einmal wieder jemand betrachtet, die Sandsteinbrüstung, auf die sich nach langer Zeit jemand lehnt, und die Terrasse, die endlich einmal wieder erklingt vom Schritte eines, der über sie schreitet, nur weil sie da ist und schön. Die Fenster sind stolz, einmal wieder das ihre zeigen zu können, und öffnen sich weit dem Mondglanz im Tal.

So umgibt mich der Hauch des Gewesenen, des schon früher Behausten, Bewohnten, ohne den ich nicht sein mag; denn ein Ort, der nichts erfahren hat und nichts weiß, dünkt mich ohne Reife und kahl.

Es ist vielleicht nicht gut, wenn man so ist. Vielleicht hängt man zu sehr am Vergangenen. Vielleicht lebt es sich besser, wenn man dem Gestern nicht so verbunden ist und wenn man auch nicht so sehr nach dem Morgen späht. Hier tut das niemand. Ans Gewesene und ans Künftige denken, das fällt in Griechenland keinem ein, nicht aufs kommende Jahr, nicht auf den kommenden Tag. Ich bin erst hier darauf gekommen, daß gar nicht sein muß, was uns im Norden ganz selbstverständlich dünkt: daß ein jeder sein Leben als Ganzes sieht, den Plan eines Lebens entlang lebt — einen Plan, den er hat, sei er klar oder nicht, aber er hegt ihn. Ein jeder will etwas vorwärts bringen und hat den Traum, etwas zu hinterlassen. Es ist gleich, wie weit er damit kommt oder nicht kommt; vielleicht erspart es ihm sein Geschick, seine jungen Träume zu geringeren Früchten zu bringen: aber er lebt sich zum Ziel.

Hier tut man das nicht. Hier ist die Stunde mehr als der Tag und der Tag mehr als das Jahr. Hier lebt jeder nur in dem Alter, in dem er gerade steht; wenn er dreißig ist, ist er nur dreißig, nichts liegt ihm ferner als der Gedanke an die Vierzig und Fünfzig, und wenn er alt ist, ist er nichts als des Alters Bild.

So lebt jeder, so lebt auch das Volk, ohne Gestern und Morgen. Es ist zum Lachen, daß der gesamte Erdkreis mit Leidenschaft an der Vergangenheit dieses kleinodigen Landes hängt, das Land selber aber im ganzen davon nichts weiß und nichts zu wissen begehrt. Es ist wie das Kind in der Wiege, das lacht und weint und nichts ahnt von der Sorge, die es tausendfältig umkreist.

Wem es gegeben ist, so unter der Sonne zu wandeln — es ist wohl ein gütiges Blindheitsgeschenk. Die Sorge ist wohl eine Qual. Aber ächzt nicht die Kelter, wenn ihr der Wein entquillt?

MALLIA

Von Iraklion aus hatte ich Knossos, den Jukta und Fodele gesehen, nun kam ich nach Mallia.
Mallia ist eine minoische Stätte, ein Palast am Meer. Das jetzige Dorf in der Nähe heißt so; der alte eigene Name ist unbekannt. Wer die Anlage von Knossos und Phaistos kennt, kann sich in Mallia von selber zurechtfinden. Da ist der gleiche Rechteckhof in der Mitte, die gleichen Steinbasen, auf denen Holzsäulen sich gründeten, da ist auch die Spur einer schön breiten Treppe, die gleichen winzigen Zimmer und Vorratskeller.
Was neu ist in Mallia und unwiederholbar, ist die Lage am Meer. Das Schloß liegt am Strande, der flach und sandig ins Wasser führt. Es war offenbar ganz und gar unbewehrt; man sieht nicht die Spur eines Turmes, keiner Mauer und keines Walles. Auch keine natürliche Gunst ist da, wonach sich sonst Siedlungen richten: kein Hafen, kein wehrhafter Berg. Ein fruchtbarer Anger in der Nähe, auf dem sich jetzt hundert Windräder drehen und Grundwasser holen, erweckt die Vorstellung gehegter Wundergärten von einst.
Es war ein windig-wolkiger Tag im Oktober, ein Vorbote des Herbstes, doch lange bevor die Regenzeit ernst machen konnte. Der weite, erdige Strand brannte im Rot der Terra rossa, der Tropenerde, die von Sonnenmillionen geglüht ist und nun im Licht widerglüht. Die Romantiker, Rottmann und Blechen, haben sie uns gemalt. Nirgends in Griechen-

land sah ich sie so rostig und weithin wie auf Kreta, und auf Kreta nirgends wie hier.

Das Meer lief zornig und gläsern grün gegen das Flache, das Rote, mit weißen, rennenden, lang ausrollenden Wellenschnüren. Die Wolken stauten sich graublau und dick am Gebirg, dazwischen schossen Garben von Grellheit auf die Szene hernieder.

Die Ausgrabung enthielt einen gedeckten Schuppen mit einzelnen kleineren Funden. Da gab es tönerne Lämpchen die Menge und Kannen und Krüge, Bratherde aus Ton, eine tönerne flache Schale, deren Sinn so leicht niemand errät, aber der Feldhüter behauptete, sie habe als Spiegel gedient mit einer Schicht Wasser und einer Schicht Öl. Da gab es tönerne Kugeln, durchbohrt, zum Beschweren der Netze, und dort wo die Pithoi in Reihe stehen, in denen die Ölernte gespeichert war, zeigt der Boden flach ablaufende Rinnen. So sparte man das Verschüttete, das sie empfingen und leiteten.

Man hat das Vergnügen, den Vorgängern vor viertausend Jahren auf die Künste und Kniffe zu kommen, mit denen sie ihr Leben bestritten oder verschönten. Dies kleine Listenwesen, Zufälliges, für ein Heute gedacht, das wir sonst nicht mehr kennen, hat sich erhalten. Es war den alles zerstörenden Mächten nicht bedeutend genug, und so ließen sie es. Die gefräßige Zeit hat es in einer Laune verschmäht.

Ich fühle mich an etwas erinnert, das ich früher einmal in Pompeji sah. Dort gibt es eine Reihe von Ziegeln, über die, als sie noch weich und unge-

brannt waren, dereinst ein Hund lief, gefolgt vom römischen Fluch eines römischen Sklaven. Er brannte sie aber trotzdem, und da liegen sie nun samt den Tapfen des Hundes, der fürwahr unter den Hunden Karriere gemacht hat.
Doch der Ruhm dieser Hundesohlen wird weit überstrahlt von dem Daumen eines Töpfers aus Mallia. Ich sah ein Tonfaß, groß wie sie sind, so hoch wie ein Mann. Zu seinem Schmuck hatte ihn sein Erzeuger mit Girlanden von tönernen Schnüren umgeben, indem er auf einfache Weise ein Rollband aus feuchtem Ton um den Pithosleib wand und dieses mit eiligen Tupfen seiner Fingerkuppe zu einer Perlschnur belebte. Dann wurde gebrannt. Nun können wir zwar die Schrift der Minoer nicht lesen, wissen über ihre Art, ihre Rasse, ihre Herkunft, ihr Denken nichts oder nicht viel, aber den Daumendruck eines Töpfers vor viertausend Jahren kennen wir gänzlich genau.
Er kann uns gleichgültig sein, dieser Daumen des Töpfers. Nichts ist damit gewonnen, daß wir ihn kennen. Nichts, als daß in ihm der Widersinn und die Narrheit zutage tritt, in der sich Unwert und Dauer, Wert und Vergehen verbinden müssen zu ungleich grotesken Paaren. Der puren Zeit blickt man ins Auge, die gleichmütig das Heiligste verschlingt und hier einmal über einen Abgrund hinweg, den keiner ausdenkt, wie zum Hohn das Flüchtigste und Belanglose darreicht, das sie geschont hat, nur wie um zu sagen: Ich kann, wenn ich will.
Dieser Tage sprach mir jemand von den Kunstwer-

ken, die auf Sizilien zerstört seien, auch von antiken. Ich weiß nicht, wieviel davon wahr ist, aber die Vorstellung davon hat mir den Schlaf geraubt.
Törichterweise! Denn man sollte doch wissen, daß tausendfach Göttliches niederbrach, zu allen Zeiten. Glaubten wir wirklich, weil dieses und jenes ein wenig länger erhalten blieb, es sei nun über alle Gefährdung hinweg in einem sicheren Port außer der Zeit? Dachten wir, weil es sich gerade in unsere Tage gerettet habe, es sei da in besserer Hut als das Gemalte der Griechen und ihre Musik und Tragödien und Lieder, die alle verloren sind? Als die Tempel, die sie von jeher zerstörten, als die Marmore, die sie zu Kalk verbrannten, und die bronzenen Götterbilder, die sie verschmolzen?
Vielleicht lebt es sich wirklich leichter, wenn man sein Herz nicht so ans Vergangene hängt. Wenn man sich nicht belädt mit der goldenschweren Last eines Erbes von Jahrhunderten und nicht sein Leben verbringt in dem heißen Bemühen, das Überkommene sich zuzueignen.
Und es ist doch nichts in der geistigen Welt, das nicht schon verloren wäre, indem es nur da ist. Wer kann sagen, daß es da ein Besitzen gibt und ein Wirklichverstehen: eines Bildes von Rembrandt, einer Mozartmusik, von dem Willen eines Domes oder vom Hinhauch eines Gedichts? Es gibt, im glücklichsten, nur die Bemühung darum, nur ein Näherkommen und den Lichtschein einer Gewißheit; doch die hat jeder anders und ein jeder für sich allein. Es gibt nur das fruchtbare oder unfruchtbare

Mißverstehen oder Halb- oder Fastverstehen, das alles Leben im Geiste ist — und ein göttliches Ahnen und Glauben. Ein Angerufensein von dem Hall, der in der Welt ist durch jenes. Es ist nur ein Echo von da und von dort und kommt immer anderswoher im weiten Windeswehen unter dem Himmel. Aber den Tropfen aus dem Meer des Verlorenen, der uns von Hellas blieb, haben wir heilig gesprochen.

GOLF VON MIRABELLO, SPINA LONGA

Im kretischen Osten ist der Golf von Mirabello des Preisens wert. Er ist eine Schwelgerei in den Stufen des Blaus, in Kühle und Andacht vielen tiefen und immer tieferen Blaus.

Die Stunden, die man an seinen Ufern entlang fährt oder läuft, schaut man immer aufs Meer, das jenseits von Bergen übertürmt ist in atmendem Dunst. Wenn die Dämmerung alle Höhen übertreibt und das Ferne zu nah Geflüstertem wird, versinkt seidenes in samtenes Blau.

Der große Golf hat sich umringt mit einer Unzahl von kleineren Buchten, die ihm wie klingende Glöckchen anhängen und in denen die Wasser stillklar und wartend stehen. Aber niemand ist da, der sie belebt. Der Golf ist sehr einsam.

Denn der Osten der Insel ist arm. Wo sonst der Ölbaum die Hänge und Täler befiedert, steht hier zu Tausenden nur der Johannisbrotbaum. Aber um ihn, den täppischen, plumpen, ist keine Heiligkeit und kein Glanz wie um jenen. Ihn hat keine Göttin, keine Athene gepflanzt.

Die Bucht von Pachiammon an der schmalsten Stelle der Insel, wo die Straße nach Jerapetra zum Südmeer hin abzweigt, ist eine Bucht in der Bucht. Breitmäulig und stumpf wie eine landende Fähre stößt hier das Meer auf den weißlichen Strand, in regelrecht abgekammertem Raum. Aus der Meeresbläue lichten sich grün und grünere Säume. Sie enden in weißen Wellenvolants, immer neue hinter neuen, unermüdlich gewebt. Blitzweiße Kapelle und fünf, sechs Häuser mit flachem Dach, in flimmernder Glut. In Einsamkeit köstlich.

Hagios Nikolaos heißt die einzige Kleinstadt am Golf. Vom kleinen Hafen, der wie aus dem Puppentheater ist mit Häuschen und schwankenden Segelschiffen, liefen wir über Hügel und Hänge den Westsaum des Golfes entlang.
Dort liegt Spina longa, venezianisches Inselfort, dann Lepra-Verbannungsort.
In Elunta, wo in Lagunen aus seichtem Meer Salzfelder gebaut sind, die sie am Ende des Sommers abernten wie glitzernden Schnee, trieben wir einen Fischerkahn auf, um zu der Insel hinüberzufahren, über die von zierlichen Wellchen geraühte Bucht. Ich sah einen festen Landungsdamm aus Rustikasteinen, eine Bastion, deren klare Mauern hinabstürzten ins durchsichtige Wasser, Türme, ein Prachttor mit Wappen und Schrift.
Ich setze den Fuß vom Boot auf die meeresbespülte Steinbahn, schaue empor, gehe durchs herrliche Tor — und bin in Europa. Oftmals war es der nördliche Zug, der das Mittelmeer zu den schönsten Aufgluten brachte und der Süße der Landschaft die großartigsten Antworten gab: die Dorer, die deutschen Kaiser in Apulien, Sizilien, dann Renaissance und Barock, das aus dem nördlichen und mittleren Italien kam — und Venedig weithin. Der Süden und Osten

hat nicht viel menschlich Gefügtes in die Landschaft getan.
Mauerkränze ziehen sich übereinander. Man schreitet die breiten Straßen in schrägem Anstieg hinan. Durch Schießscharten sieht man aufs übersonnte, lichtfunkenbestürmte, smaragdgrüne Meer. Plattformbastionen trugen das schwere Geschütz. Zisternen und untere Gewölbe tun sich bisweilen auf. Spitzwinklig ins Meer hinaus stechen die Wälle.
Das war wirklich ein rissiger Dorn, ein Sterntier des Meeres! Herrlich gedachter Fels, orangenes Gelb inmitten der edelsteinernen Flut, überschmettert vom Jubel des Mittagslichts!
Daß dieses Jahrhundert sich hierher nichts Besseres wußte als einen Klageort der Aussätzigen — mich wundert es kaum.
Die Kranken hatten sich im Alten zurechtgenistet. Es hat sich so etwas wie ein Dorf in der alten Festung entwickelt, eine Gemeinde, die für sich dahinlebte. Es gab eine Gasse mit Werkstätten und Handelsbuden, mit Schuster und Schneider und kleinen Cafés. Das Leiden ist weiter nicht schmerzhaft, und wo nicht Hände und Füße von der Krankheit befallen sind, und auch dann, geht ein jeder seinem Gewerbchen nach oder sonnt sich im Nichtstun.
Den Anblick der Lepra hatte ich mir schlimmer gedacht. Die ergriffenen Stellen, sehr oft ein Teil des Gesichts, schrumpfen rötlich ein und sehen aus wie jung verheilte und zugenarbte Verstümmlung. Der Keim der Krankheit muß schon im Blute sein, wenn sie ausbrechen soll; Ansteckung kommt nur hinzu.

Viele waren hier schon geboren und kannten die Welt nur so. Ein junges Mädchen, dem man nichts ansah, blaß, das fahlblonde Haar im Netz, arbeitete mit der Mutter in einem winzigen Gärtchen. Zwei Jahre war sie einmal in Athen, seitdem ist sie wiederum hier, wie von Kind auf. Denn es kommt vor, daß leprakranke Eltern gesunde Kinder erzeugen. So ließ man hier auf der Insel auch Heiraten zu.

Zur kleinen Kapelle war Zudrang. Ich blickte hinein, es gab Kerzenschein und Sonntagsgewandung. Man machte mir eine Gasse, ich schritt an den kranken Gesichtern, verkrüppelten Händen und Hinkern vorbei. Es war eine Taufe.

Der Priester, auch er wohl ein Kranker, hielt eben das Neugeborene in Händen, ein kleines Mädchen, und tauchte es behutsam mit gütigem Lächeln ins Becken voll Taufwasser, dreimal, ganz und gar. Es schrie sehr.

»Baptiso se tin Maria sto onoma tu Theu. Im Namen Gottes taufe ich dich die Maria.«

Dann kam der zweite heilige Akt, die Weihe mit Öl. Mit einem Bäuschlein betupfte er jedes einzelne Glied des faltigen Zwerges, von der Stirne, dem rechten, dem linken Ohr bis hinab zu den winzigen Zehen, und nannte jede Stelle mit Namen. Zum dritten: ein Haaropfer. Mit einer rostigen Schere schnitt er ein paar Schöpflein vom Haupt und verbrannte sie am Kerzenlicht.

Von Salbung und Haarweihe weiß ich, daß sie antik sind. Doch hat man sich alles ein wenig anders gedacht.

Die Straße am Südrand des Golfes führt einmal an einem Hügel vorbei, der die Ruinen von Gurnia trägt. Es ist eine minoische Ausgrabung. Von ihr wird gerühmt, daß es die einzige freigelegte Stadt der Minoer sei. Knossos, Phaistos, Mallia sind ja Paläste. Ich konnte es im Besteigen der kleinen Berggäßchen von Gurnia kaum glauben, daß dies Gemäuer viertausend Jahre alt sei. Es sieht gerade so aus wie ein verfallenes kretisches Dorf, das aus irgendeinem Grunde vielleicht vor einem Jahrzehnt zerstört oder verlassen worden ist. Regellos und beispiellos eng sind die Gassen und Wege. Die Häuschen, deren Untergeschosse zur Hälfte noch stehen, sind erbärmlich und winzig die Räume. Gewiß war es einst widrig und schmutzig hier. Es ist eine Menschensiedlung, die beschämend tiernah, ja insektenhaft ist, wie ein Schlupfwespennest, das man manchmal am Wege sieht, und auch ebenso weißlich fahlgrau.
Mittelmeersiedlung damals wie heute. Was wir unter Dorf, unter Haus verstehen, war hier niemals ausgebildet.

Ich hatte seinerzeit hier in der Nähe ein Felsenkloster überflogen, das offenbar ohne Zuweg weit und hoch in den Bergen lag. Außer den Einheimischen mochten es nicht viele kennen, auch die Karte kannte es nicht. Schon damals erschien mir seine geiernesthafte Verwegenheit so seltsam und schön, daß ich es später zu Fuß suchen wollte.

Es war, als wir es nach einigen Stunden fanden, in der Tat ein seltsames Ding. Fast alle griechischen Klöster haben in unseren Tagen den Reiz des lebendig Toten. Alle sterben sie aus. Gebaut für viele, beherbergen sie jetzt nur noch einzelne, und über die landesübliche Verfallenheit hinaus umweht sie gesteigert der Hauch des Ruinenhaft-Gestrigen. Niemand will mehr so leben, scheint's.

Dies Kloster der Heiligen Gottesmutter Faneromeni war wirklich ein stattlicher Bau, halb eine Festung, unter den Felsen geklebt. Aber nur ein einziger Mönch kam uns dort zu Gesicht und nur eine einzige Nonne.

Die Nonne war eine derbschöne Magd, ziemlich jung. Sie empfing uns mit schallender Fröhlichkeit, kraftvollem Händedruck und Schlag auf die Schulter, wie man Vettern begrüßt. Sie lachte laut über ich weiß nicht was. Es war die vergnügteste Nonne, die ich je sah.

Wir sollten später mit essen. Zuerst wehrten wir ab, aber da schrie sie: ach was! Wir sind alle Brüder und Schwestern! und lachte, daß es im Klosterhof hallte. Dann führte sie uns durch den seltsamen Bau. Eine mehrkammerige Höhle mit heiligem Wunderbild war das Verehrungsmal — gewiß ein uralter Weihort, ererbt aus heidnischer Zeit.

Es ging mehrere Stiegen die Felsen hinauf, und oben war, vor dem Höhlengrund, ein Kirchenfassädchen, eingequetscht in den gewachsenen Stein, waschblau und weiß. Davor eine Terrasse, ein Holzgeländer, alt und vertan, kindisches Glockengestühl mit kin-

discher Glocke — und weltweitem Gnadenblick auf Berge und Meer im Sonnendunst.
Die Besichtigung ging der fröhlichen Himmelsbraut durchaus nicht schnell genug. Namentlich in der heiligen Höhle vor den heiligen Bildern war sie am herzhaften Lachen gehindert und drängte ins Freie. Sie nahm offenbar an, wir seien mehr wegen des Essens gekommen. Da sich dies noch eine Weile hinauszog, brachte sie erst einen Suppenteller voll süßbraunem Honig und Nüsse und Schnaps in die Zelle, die sauber, doch völlig unmöbliert war. Nach dem Vorbild des Mönchs, der nun bei uns saß, wälzten wir an die Gabel gespießt die Kerne zu dicken, topasenen Klumpen. Sie erinnerten sich im Kloster sehr wohl an das Flugzeug, das einige Wochen zuvor dicht über dem Felsen gekreist war.
Warum wir keine Fische für sie abgeworfen hätten, rief schallend die Nonne. Sie aß kein Fleisch aus Frommheit, schon seit zwanzig Jahren, und hatte deshalb einen Heißhunger nach Fischen. Wir sollten uns nicht unterstehen, noch einmal vorüberzufliegen, ohne ihr Fische zu bringen!
Sie schlug sich auf die Schenkel und bog sich und lachte und zeigte ihre sämtlichen bildschönen Zähne.

LASSITHI-HOCHEBENE, ZEUSGROTTE AM DIKTE

Die Hochebene in den Lassithi Bergen ist über und über besetzt mit Windrädern, die sich in der Bergluft den ganzen Tag drehen. Es sind weiter keine sehr handfesten Dinger, sie sind eben griechisch. Ein wenig Eisengestänge, klapprig durchaus, die Flügel sind wie Spinnennetze geflochten aus Draht, daran hängen die Dreiecksegelchen, die vielen weißen, rostbraunen, grauen, geflickten. Sie sehen ungefähr aus wie die Papierwindfähnchen der Kinder, und wenn sie sich alle im Winde drehen, zu Hunderten, Tausenden über die Ebene hin, sieht es sehr fröhlich aus. Sie fädeln im Auf und Ab der quietschenden Pumpenstangen das Grundwasser herauf auf die Felder.
Überdies säumen den Paß, der hinabführt ins Tal, an die zwanzig Mühlchen in einer einzigen Zeile, denn am Paß weht immer der Wind.
Die Ebene, von den Diktebergen umschlossen, ist das am schönsten bebaute Land auf ganz Kreta. Hier, tausend Meter über dem Meer, wo es niemals sehr heiß wird, ist fast ein Stück heimatliches Europa. Wasser strömt von den Bergen und sammelt sich hier. Es reicht für den ganzen Sommer. Dreizehn Dörfer reihen sich am Rande der Berge zum Ring. Es gibt Gemüse und es gibt Kartoffeln.
Kartoffeln sind selten in Griechenland. Ich weiß nicht, ob es am Boden liegt oder an der alten Gewöhnung; jedenfalls ist das Brot hier noch wirklich das tägliche Brot und mit einer Handvoll Oliven die

Nahrung der Armen. Ein Maß Kartoffeln kostete hier immer soviel wie dasselbe Maß Wein.

So erfrischend die Ebene im Hochsommer ist, wenn das Land drunten dürstet und dorrt, so ist es jetzt, Anfang November, eine beinahe zu reichliche Probe von Heimat. Es gibt dicke Wolken, es ist kühl — man ist nichts mehr gewohnt —, und es sieht aus, als wolle es regnen. Zum erstenmal, seit ich hier bin, bange ich um das Wetter des morgigen Tages. Ich möchte den Dikte besteigen, aber er macht den Wolkenversammler.

Das ist es wieder einmal, das Herbstgefühl. Es steigt auf von der Kinder- und Schulzeit her, unvergessen. Der ziehende Abschiedsschmerz vom Sommer, wenn die großen Ferien zu Ende waren und das neue Schuljahr begann. Es ist wie ein tierhaftes Erbe aus Urzeiten her, dieses Gefühl; es drängt zum Unterschlupfsuchen, zum Verkriechen im Bau. In diesem Lande kennt man es nicht.

Im Augenblick fühle ich stark, wieviel ich verliere am griechischen Sommer. Das Erlebnis der Dauer und der Gewißheit des sich morgen wiederschenkenden Lichts ist so bereichernd und groß, daß ich, der ich mich nie für den Süden geboren hielt und nie glaubte, die Feuchte des Nordens, den Erdenduft, den Wald und die Wiesen entbehren zu können, für möglich halte, um dessentwillen immer hier leben zu können.

Nun ist hier oben, früher als sonst, der Herbst plötzlich da, ein Vorschuß des griechischen Winters, der Regenzeit.

Man kommt mit unseren vier Jahreszeiten nicht ganz zurecht in Griechenland. Einen Frühling in unserem Sinne gibt es wohl nicht. Es fehlt das langsame, ahnungsvolle Hineinschreiten in die höheren Tage. Es gibt nicht das zaghafte Sprießen, es gibt nicht die Verheißung des Sommers, nicht die Ankündigung und nicht das Hoffen. Es ist nur ein übergangsloses Ende des Winters, der Kälte, die nach unseren Begriffen keine wirkliche Kälte ist, sondern eine alles durchdringende Feuchte und Kühle, ganz ohne die Festlichkeit unseres Schnees. Wenn die Regenzeit aufhört, im März und April, ist der hohe Sommer mit einem Mal da.

Der Hochsommer selbst, der göttliche Bogen über die Monate hin bis fast zum Ende des Jahres, bringt für das Wachstum die tote Zeit. Da ist alles verbrannt. Das Pflanzliche muß sich tausend Listen erdenken, um darüber hinwegzukommen, wie bei uns über den Winter. Die Steineichen, die Feigen, Kastanien, Zitronen, Orangen, der Lorbeer haben sich Blätter angeschafft, die wie aus dünnem Metall sind, hart und mit glänzender Haut wie aus Lack, die vor dem Austrocknen behütet. Die Nadelbäume sind besser daran. Agaven, Kakteen und Aloe haben sich fleischige Blätter gebildet, die Wasserspeicher während der Dürre sind. Die Blumen sind dann fast alle verblüht. Das meiste zieht in die Erde ein, wie der Asphodelos, das hüfthohe göttliche Unkraut, das völlig verschwindet und als Zwiebel wartet, bis bessere Zeiten kommen.

Der Herbst aber, wenn man den Anfang der Regen-

zeit, den November, Dezember so nennen will, ist das Erwachen. Die Blumen blühen aufs neue, die Felder werden bestellt, nicht mit Wintersaat, sondern so wie bei uns im Frühjahr, die Gärten füllen sich mit Gemüsen, die im Dezember erntereif sind. Jetzt gibt es zum ersten Male im Jahr wieder Gras. Da ich damals im Juni nach Griechenland kam, sah ich das erste Stück Wiese erst zu Weihnachten.
Auch jetzt grünt es sich unter den Ölbäumen hin, ein kurzes, filziges Polster. Bald werden die Saaten aufgehen in der Messara, und das Ernten hört keineswegs auf: vom Dezember an gibt es für drei oder vier Monate Mandarinen, Apfelsinen, Zitronen und roten süßlichen Lotos. Im November beginnt die große Sache der Olivenernte.
Auch einen Herbst gibt es also eigentlich nicht, nicht einmal ein gängiges Wort dafür in griechischer Sprache. Die beiden Jahreszeiten des Kündens und Neigens werden kaum verspürt. Es gibt nur die seienden Zeiten des Jahres.
Da das griechische Spätjahr das Grüne mitbringt, das sich den Winter durch hält, so glaube ich auch nicht, daß die Alten die jahreszeitliche Hinabkehr der Demetertochter Persephone in das Unterweltreich in den Winter versetzten, wie wir das aus nördlichem Verstande tun. Das Jahresdrittel, das Zeus dem Hadesgemahl zugab, daß er sie besitze, wird nicht der Winter sein, sondern der mordende Sommer, in dem alles stirbt, auch die Bäche und Flüsse, und alles Lebendige lechzt. Sie wird ja auch von den Hadesrossen entführt, als sie mit den Töchtern des

Okeanos auf einer Wiese Blumen pflückte. Es sind aber Rosen, Krokus, Hyazinthen und Veilchen, die wir uns doch eher im Frühjahr denken. Die Rosse rauben das liebliche Kind und es verweilt eine Zeitlang im Dunkel. Demeter sucht sie über die Länder hin, die Erde trauert und dorrt, die Pflanzen verwelken: es ist die erschreckende, alte Öde des Sommers.

Ein himmelhoch leuchtender Morgenregenbogen war auf blaugraue Wolken gebannt, als wir nach Psychro hinüberliefen, um die Zeushöhle am Dikte zu sehen. Psychro ist eines der Dörfer am Ring der Lassithi-Ebene. Die Höhle liegt von dort aus nur eine halbe Stunde höher am Berg. Der Dikte selber, der Gipfel des ganzen Gebirges, das einst ebenso hieß und jetzt Lassithi genannt wird, steigt jenseits der Ebene empor und ist fast so hoch wie der Ida.
Hirten und Bauern kamen uns auf dem Wege entgegen in ihren Regenmänteln. Es sind kolossale Gebilde aus bretterdicker weißer und bräunlicher Wolle mit hohen Kapuzen, auch Kinder tragen sie so, und alle werden darin zu ihren eigenen bedeutenden Denkmälern.
Die Zeushöhle ist von gewaltiger Bildung. Sie ist, von der Lage abgesehen, sicherlich großartiger als die Höhle am Ida. Es geht ordentlich weit und steilschräg in die Tiefe des Berges hinein, es ist ein gehöriger Felsenschlund, und ohne weiteres wird klar,

daß die Minoer, die in Höhlen göttliche Wohnungen sahen und den Tropfstein als heilig verehrten, hier die Behausung eines großen und mächtigen Gottes erblickten.

Wir kletterten die feuchten und schlüpfrigen Wände hinab in das Dunkle. Das Höhlentor verengte sich bald zu einem oberen Himmelskreise, durch den sanftsträhnig grünliches Licht nur sparsam hereinfiel. Bald gab es Tropfsteingebilde in großer Zahl und erstaunlichen Maßen, von oben hängende, und Pfeiler, die ihnen entgegenwuchsen, auch Vorhänge von zierlicher Bildung, vom Sickerwasser zum Schimmern gebracht, gebündelte Stäbe aus Stein gleich urtümlichen Orgelwerken, die ein ungeheures Feuer verschmolz.

Der Schacht verengte sich manchmal und wölbte sich wieder zu seitlichen Räumen und eigenen Kammern, die vom Rückstand der ewig sickernden Wässer wie gepolstert erschienen mit Kissen und Teppichgehäng. In manchen Räumen stand klares Wasser. Das Klickklack der Tropfen war ein weltverlorener Geheimnistakt. So konnte wohl der weitläufige Palast eines naturgewaltigen Gottes gedacht werden.

Es herrscht keine Klarheit, wo die Geburt des Zeus in griechischer Zeit nun eigentlich geglaubt ward: am Dikte oder am Ida. Die alten Dichter sind sich selber darüber nicht einig, ich glaube, daß Hesiod vom Dikte spricht, während sonst öfter der Ida genannt wird. Die Auslegung, daß der Gott in der Diktegrotte geboren wurde, seine Kindheit aber sodann in der Grotte am Ida verbracht habe, war mir neu; das habe ich erst hier auf Kreta gehört. Das hat sich, scheint mir, der patriotische Inselsinn ausgedacht, der keinen der beiden Orte preisgeben möchte und es wohl auch gern sieht, wenn die Fremden zu beiden pilgern.

Aber es ist doch wohl so, daß die ältere Weihstatt die Höhle am Dikte ist. Ich sehe doch jetzt, daß sie die großartigere von beiden ist; hier riefen natürliche Wunder von selber den frommen Schauder hervor. Die Funde, durch welche die Höhle seit einigen Jahrzehnten so berühmt geworden ist, stammen aus der minoischen Zeit. Es muß also wohl ursprünglich hier die Kultstatt eines minoischen Gottes gewesen sein.

Als später die Griechen, die Dorer nach Kreta kamen, erwuchs wohl aus der minoischen Gottheit der Höhle am Dikte der griechische Zeus. Aber die Dorer kamen doch wohl vom Westteil der Insel herüber, denn der liegt nahe der Peloponnes, und im mittleren Teile hatten sie ihre bedeutenden Städte: das alte, übernommene Knossos und Gortyn. Der Dikte im Osten lag weit entfernt. So zog man vielleicht den heiligen Platz näher zu sich heran, zum Herzen der Insel, zum Ida hin. Es scheint mir ganz klar, daß man damals nach einem Orte gesucht hat, der seiner Natur nach jenem vom Dikte verwandt war. Es mußte demnach eine Hochebene sein und darüber im Fels eine Höhle. Man fand das am Ida; der Kampos tis Nidas bot sich da an, die Idagrotte liegt ähnlich dabei und darüber. So wurde die Weihstatt verpflanzt, wenngleich die Erinnerung an die vorige nicht sogleich und nicht gänzlich verlosch. Aber die Funde am Ida, die herrlichen Bronzen, sind alle aus griechischer, dorischer Zeit.

Es scheint mir also die Höhle am Dikte der ältere Ort und gleichsam das Original zu jener am Ida zu sein, und Zeus steht auf den Schultern eines minoischen Gottes, den wir nicht kennen und mit dem er verschmolz, auch manches ererbte, wie es mir schon am Grabe des Zeus auf dem Jukta wahrscheinlich erschien. Doch mein Herz hängt am Ida. Dort spüre ich, auch bevor ich mir diesen Zusammenhang zurechtlegen konnte, von dem ich nicht weiß, ob er möglich und richtig ist, den griechischen Geist. Dort ist es näher dem Himmel. Der Kampos ist klein und bescheiden, griechisch-geziemend, aber höher, aber entrückt, ein Hirtenort. Dort erlebte ich den Zauber des seligen Ferneseins.

Für mich ist Zeus am Ida geboren.

Man darf, so wie hier beim Dikte und Ida, von dem gesamten griechischen Götterwesen nicht denken, daß es ein wohlgeordnetes Ganzes gewesen sei. Das Geglaubte war voller Widersprüche und in ewigem Wandel begriffen. In jeder Landschaft wucherte eine andere Sage fort.

Wir vermögen uns eine Religion kaum zu denken, die nicht das Bestreben nach Ordnung und Festlegung hätte. Sowohl die christliche wie der Islam wie der Buddhismus haben das Wort und die heiligen

Schriften, und in der christlichen zumal wurde das Gültige immer von neuem beschlossen und kanonisiert. Danach formen wir fälschlich unsere Vorstellung vom griechischen Götterglauben. Es gibt viele Versuche unserer Zeit, das, was wir von Pindar, von Hesiod, aus dem Homer und aus den späteren Schriftstellern wie dem Apollodor wissen, zu einem mythologischen Bilde zusammenzuschmelzen. Doch ist dies ein Mißverständnis und durchaus gegen den griechischen Geist.

Zeus ist sowohl auf dem Berg Ithome in Messenien, als auf Kreta, als auf zwei, drei anderen Bergen geboren. Als seine Gemahlin gilt in älteren Zeiten Dione, späterhin Hera. Er thront auf vielen Berggipfeln, bald ist es der Olymp, bald der Hymettos, der Oros auf Aigina oder einer der anderen weithin sichtbaren Inselberge, vor allem der Lykaiische Berg in Arkadien, auf dem sein Altar steht, von zwei mächtigen Adlern bewacht, wo nichts Irdisches einen Schatten wirft und dessen Gipfelflur von keinem Sterblichen beschritten werden darf. Aphrodite ist einmal die Tochter von Zeus und Dione, ein andermal die von Uranos und Gaia, bald heißt sie die Kytheraia, weil sie bei der Insel Kythera dem Meere entstieg, bald ist sie die Kypris, und das Wunder ihrer Geburt vollzog sich bei Zypern. Persephone wurde von Hades geraubt; die Stätte, an der das geschah, wurde sowohl in Eleusis als bei Enna auf Sizilien als bei Knossos auf Kreta gezeigt. Eine Erscheinung wie die der zauberreichen Hekate verliert sich ganz im Halbdunkel magisch verzweigte-

ster Züge. Ihr Bild ist kaum faßbar. Bald ist sie die unheimliche Herrin des Zaubers, der Rache, des Spukes, weshalb sie an Kreuzwegen haust, und aller möglicher Greuel; es werden ihr Hunde geopfert. Dann wiederum ist sie häuslich und wohnt in der Tiefe des Herdes. Bei Hesiod ist sie eine mächtige Göttin, »am meisten wird sie geehrt von den ewigen Göttern«, sagte er, und eine der herrlichsten Stellen seines Werkes gilt ihr. Aller Segen, Glück, Gelingen und Ehre kommen von ihr. Bald verschmilzt ihre Gestalt mit der Artemis und der Mondgöttin Selene zu einem dreieinigen Bilde, bald ist sie dieselbe Gestalt wie Persephone.
So geht es weiter. Je tiefer man eindringt, desto vielfältiger und verwirrender wird das Ganze der griechischen Göttersage. Das von uns gemeinhin gehegte Bild eines jeden der griechischen Götter stellt sich schließlich heraus als eine Verbindung von einzelnen überkommenen Zügen, die so in der Antike niemals beisammen waren. Was wir da schaffen, gleicht einem Gebilde aus ehrwürdigen Scherben, die aber von verschiedenen kostbaren Vasen verschiedener Meister aus verschiedenen Zeiten stammen und die wir nun restaurierend zusammenfügen, so gut es gehen mag. Es gibt im Grunde aber nur, mehr oder weniger, das Gottesbild einer bestimmten Zeit und einer bestimmten Landschaft. Die bräutliche Hera von Samos muß wohl eine sehr andere sein als die Zeusgemahlin Homers, die taurische Artemis ist gewiß sehr verschieden von dem Bilde der jungfräulich schlanken Jägerin, und der schreckliche Apollon Ho-

mers ein sehr anderer Gott als der Leierspieler im Kreise der Musen. Wir wissen sehr wenig. Nie aber schloß eines das andere aus. Es ist ein ewiges Fließen, es sind immerwährende Verwandlungen. Ewig sind die Variationen über das Thema des Göttlichen. Jede Landschaft, jede Stadt, jede Insel, jede Zeit, jedes Jahrhundert trug zu, wirkte fort, bildete neu, und die Dichter, Stifter des Heiligen gestern wie heute, kündeten, was sie sahen: und so war es denn wahr.
Die tausend Jahre griechischen Götterlebens gleichen einem Teppich, der nie fertig geworden ist. Wir sehen ihn immer im Webstuhl. Immer schlingen die Fäden sich fort, und immer erneuern sich die Bilder. Vollendung gliche dem Tod.

Die Bauern von der Lassithi-Hochebene müssen reich sein — wer wäre es sonst auf Kreta. Aber davon sieht man noch weniger, als ich jüngst in Archane sah. Die Dörfer sind jammervoll und starren im Schmutz, die Häuser von unbeschreiblicher Dürftigkeit. Wir waren des Abends beim Bürgermeister zu Gast. Ich weiß nicht, ob es der Stall war, in dem wir saßen, jedenfalls stand die Kuh mit im Zimmer. Es war ein größeres Haus und ein größerer Raum, der durch die blecherne Lampe nur zu einem kleinen Lichtkreis erhellt war. Auch die Kinder schliefen dortselbst. Sie wurden gerade zu Bett gebracht — doch war es kein Bett, nur eine Art Kiste, und ausgezogen wurden sie auch nicht erst. Stühle gab es nur wenig im Hause: da mußten die Frauen solange stehen. Man setzte uns Wein vor, es war köstlicher Wein, einer Fürstentafel wert, aber er wurde in einer alten Konservendose gereicht, und es gab nur ein einziges Glas. Dazu gab es Mandeln, durch deren Reichtum die Gegend berühmt ist, aber sie mußten zwischen zwei Straßensteinen aufgeklopft werden. Unterdes lief mir unter dem Stuhle ein Schwein durch.

Ich hatte in meinen ersten Tagen auf Kreta in der Gegend von Asomatos ein Gespräch mit einem jungen Bauern, an das ich später oft dachte. Damals hatte ich noch gar nicht erkannt, wie bezeichnend es war, was er sagte.

Ich erzählte ihm, daß ich in einem Seitentale bei Gortyn römische Mauern gesehen hatte, deren Vorhandensein mir nicht anders erklärbar schien, als daß da einstmals ein Staudamm war. Offenbar hatten die Römer schon die niederstürzenden Wasser der Winter gesammelt und während der Sommer geschickt verteilt. So müßte auch heute ein ähnliches Werk die Gegend zum Paradiese verwandeln.

Dann sprachen wir von den kahlen Bergen und der Armut an Wald und an Holz. Ich deutete auf die Ziegen, bei denen der Bauernsohn stand und sagte: Die fressen euch arm! Wenn ihr die nicht hättet, so hättet ihr Wälder und hättet ihr Holz. Ihr hättet reichere Quellen und reichlicher Wasser, und die Winterregen würden euch nicht das kostbare Erdreich verschwemmen. Es würde um vieles besser sein.

Sicher! erwiderte er. Die Ziegen knabbern alles was grün ist. Da kommt kein Baum auf. Da drüben über den ganzen Berg könnten Ölbäume stehen! Viele! Aber solange die Bäume klein sind, kommen die Ziegen und fressen sie ab, dann gehen sie ein.
Er schien sich, echt griechisch, im Augenblick an den großen Möglichkeiten zu entzünden.
Ich sagte: Die Ziegen haben euch arm gemacht und machen es noch. Nicht die Türken! Die Ziegen! Nun aber, das ist doch nicht schwer. Ihr müßt eben keine Ziegen dorthin lassen, ein paar Jahre lang, oder einzäunen vielleicht.
Er sah mich nachdenklich an. Ich merkte, daß er in der Phantasie seinen Tribut an das tätige Tun gezahlt hatte. Jetzt fiel er wieder ins Wirkliche. Er zuckte die Achseln.
Den echome anangki! Wir leiden keine Not. Wir haben Öl, was wir brauchen, wir haben Früchte und Wein, wir haben ein wenig Korn. Nun möchten wir auch Milch und Käse, dazu brauchen wir Ziegen. Es fehlt uns sonst nichts.
Wozu, wollte er sagen, wozu also Pläne! Es geht ja auch so. Zum Leben genügt's, und das Leben ist schön.

ARMES GRIECHENLAND

Armes Griechenland! Du bist wohl nichts als die ehrwürdige Schlacke, die uns noch blieb von dem großen heiligen Feuer, das hier einstmals der Menschheit gebrannt hat. Das ist es, was wir noch haben an dir. Nun gehst du im Armenkleide und ziehst dein eigenes Totenhemd hinter dir her, die lange Schleppe eines Lebens nach dem Leben; denn die Größe deiner Vergangenheit läßt dich nicht sterben, und die unruhvolle Liebe einer Welt ist es, die dir die Stille einer Vergessenheit nicht gönnt. Da kommen sie und forschen und graben und fragen viel, und es drängt sie, dich zu sehen, dich zu behorchen und immer noch etwas zu erfahren, seien es auch nur die Schalen und Hülsen des Reichtums, der du einst warst für die Welt: so darfst du nicht schlafen. Deine ewige Jugend, die marmorne Schar deiner Jünglinge, deiner Götter, hast du hinausgesandt, in die Welt; dort stehen sie nun in Hallen, wo sie kein Leben führen unter Lebendigen, sondern nur da sind wie über einen Abgrund hinüber, der das Ewige trennt von denen, die noch nicht die Weihe des Todes erfahren haben wie sie — den Abgrund, den vielleicht eine Stimme überrufen kann wie von ferne, überschreitet keiner.

So ist deine Würde alt geworden, und du liegst da, ein ausgeborener Schoß, ein Acker im Herbst.

Wer will auch verlangen, daß alles noch ist wie es war: es ist ein närrischer Gedanke, als ob ein paar tausend Jahre nichts wären, und wir alle wissen es doch, wie die Zeiten sich jählings ändern und die Völker sich abhanden kommen, sie wissen nicht wie. Dir aber verargen sie es. So groß ist ihre Liebe und so heiß ihre Sehnsucht, daß du noch da wärest unter uns Daseienden. Das Bild, das sie alle von dir im Herzen tragen, ist so auserwählt und so rein, daß sie es schmerzt und ungerecht macht, wenn sie im Götterlande den Göttern nicht mehr begegnen und wenn die Menschen denen nicht gleichen, deren erhabenes Bild sie suchen. Wenn sie die paradiesische Ordnung nicht mehr finden, die sie sich von dir in ihren Idealen hingewölkt haben.

Unter den Tausenden, die als Fremdlinge hierher kommen, lieben dich nur wenige, und wenn man die abrechnet, die es sich bloß nicht zugestehen, daß sie etwas enttäuscht sind, weil sie sich einmal verpflichtet glauben, das Klassische zu bewundern, so bleiben nicht viel.

Du verschenkst dich nicht. Ich weiß wohl, daß du es den Deinen nicht leicht machst, dich kennenzulernen in deinen innersten Falten; es ist mühsam und beschwerlich und braucht viel Geduld, auch Mißmut heftet sich einem an zu unwillkommner Begleitung. Deine Berge sind kahl geworden und zeigen das Greisengesicht und erschrecken den, der sie sich jünger gedacht und belebter. Deine Straßen sind elend und deine Dörfer armselig und verschmutzt, und über allem liegt eine Müdigkeit, eine Trägheit, und ein Geschehenlassen, wie es denn gehen mag. So wie es bei alten Menschen ist, die nicht mehr aufräumen und um die es zuwächst, weil sie wohl füh-

len, daß es nicht mehr recht lohnt und daß nur noch eine Uhr abläuft und eine Zeit verrollt wie eine Kugel am Ende.
Das ist das Ausgeschlackte, das dir nun anhaftet. Das Müde, das keine Art mehr hat. Sehen nicht deine Dörfer zuweilen aus, als ob sie niedergebrannt wären? Diese kretischen Dörfer, wahrhaftig, wenn man sie zum erstenmal daliegen sieht aus der Ferne, glaubt man, es seien Ruinen, verheert vom Feuer oder vom Krieg, und wenn man dann sieht, daß da gar nichts Besonderes ist, daß sie natürlich bewohnt sind, so kann einer glauben, daß es vielleicht nur Flüchtlinge sind von irgendwoher, die sich da eilends und nur zur Not untergebracht haben. Aber dann ist es keineswegs so, es sind reiche Dörfer, es fehlt ihnen nichts. Das machen die Mauern, die nicht verputzt sind und nicht geglättet, nur roh geschichtete, ungleiche, zusammengestopfte Feldsteine; das machen die flachen Dächer — ja, Dächer! Ein wenig Holz- und Strauchwerk, mit Lehm verschmiert und mit Erde beschüttet und eingesunken; wenn man auf der Gasse steht, sieht man gar nicht, daß sie da sind, nur vom Berge aus kann man sie sehen, und zugleich gewahrt man, daß man von Dach zu Dach über das ganze zusammengebaute Dorf hinweglaufen kann wie auf einer zweiten Straße; es ist recht wie geschaffen für welche, die geschwind entkommen wollen, wenn man sie sucht. Das ist wie ein undurchdringlicher Bau von Familie Dachs oder Fuchs und Genossen.
So kommt man im Lande herum und schaut und

äugt und findet kaum einmal eine Fassade, an der man sich erquickt, oder eine Dorfstraße, die ihre Art hat, oder eine Kirche, die Würde hat und ein wenig Kunst verrät. Es ist da, im glücklichsten Fall, nur der Reiz des Naiven, von etwas Puppenstubenhaftem und hilflos Originellem, der kleine Zauber drolliger Gewordenheiten und kindlich froher Farben, die das alles verklärende, alles versöhnende Licht überschwärmt und lächelnd mit sich hinaufzieht in den Himmelsjubelchoral seiner Freude.

Auch das Urtümliche, das sich hier zulande überall findet, ist manchmal ein wenig lächerlich geworden, und man kann nicht immer dabei empfinden, daß es ehrwürdig sei. Wenn es im Herbst zum Pflügen kommt, so ist es ein Holzpflug, mit dem der Bauer die sonnenharte Erde aufritzt; von Pflügen und umbrechenden Schollen kann nicht die Rede sein. Und damit er nicht zweimal über das Feld hinwegzugehen braucht, so wirft er schon vorher, mitten unter Disteln und Unkraut, hinein die Saat; so spart er die Arbeit der Egge. Wozu soviel Mühe, laßt es doch laufen wie's läuft!

Aber das Primitive ist gar nicht so großer Bewunderung wert, wie es müde Verfeinerung glaubt. Und wenn, dann kann nur das Primitive vor aller Kultur gemeint sein, das alle Zukunft noch in sich trägt, nicht aber das Altgewordene von gestern, das nicht mehr daran denkt, sich zu steigern und sich zu überwinden. Und die Mühle in der weißkalkigen Schlucht — ach, das ist keine Mühle im Grunde, und es ist nichts da von allem, was man sich herzu-

wünschte. Es ist keine stattliche Mühle und wiederum auch keine stillbescheidene Hütte, in der man das Walten spürte von etwas Beseeltem und etwas ruhevoll Aufmerkendem vor den Dingen. Nur Lässigkeit ist das und Gleichgültigkeit; nichts wird gerichtet und nichts gebessert und nichts gebaut. Eine Grotte ist es, aus Schottersteinen halb unter den Felsen gebaut, nur so notdürftig. Das Wasser rauscht jetzt nach dem ersten Regen schon reichlich; was für eine prächtige Mühle könnte es treiben mit Lust; Korn wächst hier genug! Aber das Bachbett ist ganz verdorben und voll von Steinen und Schutt und häßlichem Unrat, niemand kommt auf den Einfall, dem Bach seinen Weg mit ein wenig Sorgfalt zurechtzumachen. Das Wasser rauscht und treibt nur eine ängstliche, wacklige Mühlwelle, die der Vater, der Urahn schon hätte erneuern sollen, aber es ging immer noch so. Der Mühlstein dreht sich schaukelnd und schwank im Kreise, sein Gehäuse ist traurig verschalt mit ärmlichen Planken und rostigem Blech. Ein Holzstecken an einem Stück Schnur, eine Vorrichtung wie von einem Kinde in Ohnmacht erdacht, rillt über den Stein und besorgt es auf seine Art, daß sich der Weizen im Sickerstrom in den Mühlstein ergießt. Das Mehl, im einfachen Gang gar ausgemahlen, rieselt weiter drunten in einen zerbeulten, rostigen Kanister, der vordem mit Benzin gefüllt aus Amerika nach Griechenland kam.
Im dunklen Raum, der kein Fenster hat, nur Licht durch die Tür, und keinen Boden, nur die Steine, die sowieso den Talgrund bedecken, steht der Müller.

Er sieht aber gar nicht aus wie ein Müller, sondern trägt alte städtische Kleidung und einen zerrissenen Mantel. Er hat den Hut im Genick, und es scheint, als ob er sich gar nicht recht zu Hause fühlte bei sich in der Mühle, er wartet nur eben, bis er wieder ins Dorf zurück kann und im Kafenion am rostigen Eisentisch sitzen. So steht er hier Stunde um Stunde und Tag um Tag, viele Jahre, und weiß nicht, wie ungemütlich es bei ihm ist. Er ist ein älterer Mann mit schönem grauem Bart und dunklen Augen, in denen die Rechnung sitzt. »Alt und schlecht!« sagte er und deutet auf die Mühle und lacht und entzieht sich so pfiffig der Gefahr, daß wir dies unsererseits feststellen; er raubt uns den Spott. Er ist zufrieden und denkt auf nichts besseres. Hier gibt es viel, sagt er, das Leben ist leicht. Denn er kommt aus den Bergen, wo alles viel schwerer ist.

So leben sie alle. Es ist nichts dagegen zu sagen: wenn sie es nicht anders wollen? Sie machen es sich nicht schwerer als nötig, sie haben nichts weiter im Leben vor und wollen nicht viel erreichen. Reich sein — ja; aber arbeiten, bloß um etwas zu schaffen? Das verstünde hier keiner.

Es sei denn, daß jemand des Glaubens ist, daß sich das Leben nur lohnt, wenn man es sich schwer macht: so ist wirklich nichts dagegen zu sagen.

Armes Griechenland! Wenn der Traum nicht wäre, den wir von dir so wahr und deutlich geträumt ha-

ben, daß wir nun ausgehen müssen, ihn in der Wirklichkeit zu suchen, so würden wir es vielleicht auch nicht erjagen, dich zu lieben. Dich: in deiner Armut, in der dorrenden Hitze deiner sengenden Sommer und in der Feuchte deiner wehrlosen Winter, dich: in der lähmenden Mattigkeit deiner Menschen und all dem Treibenlassen, das einen selber lähmt und bedrückt, wo ringsum nicht Taten geschehen. Aber vielleicht ist es dein Geheimnis, daß du dich nicht von allen lieben lässest und daß du die Eindringlinge neckst und äffst, die sich ein billiges Schönheitsbild von dir zurechtgemacht haben, ein glattes, und daß es dich freut, wie sie enttäuscht sind — sie, die erwarteten, paradiesische Auen zu finden und nun im Gestrüpp der Dornen hängenbleiben und über steinige Eselwege wandern müssen mit Mühe! Die nun umlernen müssen, daß es das Griechische ist: nicht in gehegten Rosenfeldern zu wandeln, sondern im Gebüsch eine verborgene Rose — eine w i l d e Rose! — zu finden, beglückt zu sein und sie zu preisen mit einem Lied.
Du schenkst dich nur denen, die dich mit glühender Liebe lieben, einer Liebe, die dem reinsten Bilde gleicht, das sie von dir im Herzen tragen. Nur denen, die den griechischen Blick besitzen, den vergrößernden, erhöhenden, trunkenen Liebesblick, den Blick in den goldenen Kelch, ohne den alle Schönheit ein klirrender, kaltherziger Zauber bleibt.
So liebe ich denn an dir auch noch die Enttäuschungen. Ich liebe deine steinigen, kümmerlichen Straßen und deine mühsamen, krummen Eselpfade und die

ganze Dürftigkeit, in die du Aschenprinzessin dich verkleidest. Denn es ist die große Lehre, die du allen erteilst, die dich vordem nur in der ausgewählten Pracht deiner Kunstwerke kannten — gleichwie in abgeschnittenen und zurechtgebundenen Blumen —, und die nun erkennen, daß du Wildwuchs bist, daß deine Herrlichkeiten auf Dornenfluren wachsen und dein Köstlichstes auf harter, kargender Erde. Nicht leicht Sprossendes auf linder Aue! Nicht genährt von weichsamtener Scholle, nicht gehegt von Säuselwinden und rieselnden Wassern! Denkt jemand an Parke, an geschnittene Bäume, schattendes Dunkel, gepflegte Beete, marmorne Brunnen?

Nein, denkt, wenn ihr Griechenland denkt, an steinübersäte Bergfluren, die kahl sind, aber überhallt vom Lichtdonner gewölbter Tage, klarblauer Morgen, umsäumt vom violetten Dahinzug abendlicher Gebirge, und goldüberstäubte Täler im Oliven-Silbergeflüster.

Auf dem Dürren aber, dicht auf lechzender Erde, unter Steinen, fast ohne Blattwerk, prangt ein Silberdistelstern in Rosa-Weiße: ein Zartes, das voll Spröde und Härte ist, ein Wunder, das aus dem Kargen kommt und offenbart: Sieh, hier ist Griechenland!

DORISCHES: DIKTYNNA-TEMPEL AN DER MENIES-BUCHT, POLYRRHINIA, HYRTAKINA, APTERA

Vielleicht erinnert man sich aus dem Früheren, daß ich auf meinem Flug über die Insel die Grundmauern eines griechischen Tempels bemerkt zu haben glaubte; es war an der Spitze des längeren der beiden Fühler, welche die Kretaschnecke nach Norden entsendet. Als ich nun aus dem Ostteil der Insel in den westlichen zurückkam und nach so manchem Minoischen, das ich gesehen, wiederum Dorischem nachgehen wollte, wünschte ich mir, diesen verheißenden Eindruck noch einmal genauer zu haben. Ich hatte mich unterdessen befragt und von dem gütigen, alten Direktor des kleinen Altertümermuseums in Chania gelernt, daß es das Diktynnaion sei, das einstmals hohe und wichtige Heiligtum der kretisch-griechischen Göttin Diktynna, deren Bild später mit dem der Artemis verschmolz.

Der Tempelort liegt in der Nähe des Kaps Spata; dies war eines der gefürchteten Vorgebirge im Altertum, und auch jetzt noch machen die Widerwellen, die es erzeugt, einem kleineren Boote zu schaffen. Die Felsenlücke, an der das Heiligtum selber liegt, heißt die Meniesbucht; es ist die einzige Stelle auf der ganzen Halbinsel Tityros, an der ein Boot anlegen kann. Sonst ist es überall felsig und steil.

Es fügte sich, daß ich auf einem kleinen Segler, der die Bucht anlief, mitfahren konnte. Von dort aus wollte ich den Felsenfinger, das bergige und menschenleere Tityros, zu Fuß zurücklaufen.

Das Schiffchen, das eine Kleinigkeit von Motor besaß, lief im Morgendunkel vom Chaniahafen aus und war in vier Stunden am Ziel.

Menies, wie ich nun sah, war nur eine sehr kleine Bucht, eine winzige Wohnung, sozusagen nur eine Stube des Meeres. Gleich einem Ohrgang tut sich der Felsen ein wenig auf und läßt eine kleine Geborgenheit sein, eine Stille im Meer und ein wenig blinkenden Strand. Ein Tälchen entsteht, von Kiefern besetzt.

Eine steil mitgehende Felswand, die brennend rot ist, ist der Gleitschuh und Schutz dieses Hafens. Unser Bootchen schlüpfte hinein. Als ich am Ufer stand und mich umsah im Tälchen — aus den Kiefern heraus zurück auf das Strändlein — der altsilbergraue Segler lag da — blaues Gewässer unterm rostroten Fels — die Kiesel knirschten, von der Uferwelle bewegt — schmetterndes Morgenlicht — die Männer, mit bunten Tüchern, schafften und schoben am Boot — da schien mir: viel hat sich doch nicht verändert seit dem Odysseus. Es ist — nur Zeit! Suchet nur! — Alles noch da.

Dem schneckengleichen Eindrang des Meeres und der abschirmenden Felswand entsprach ein Umschlossenes: das war der Tempelfels. Ich hatte schon recht gesehen vom Flugzeug aus, daß er nichts wie ein kleines Podest war. Da war die große Öde der Halbinsel, die kleine Lieblichkeit der Bucht und nun dies: jetzt ein Haupt ohne Krone.

Der Ausblick von da war der herrlichste. Als hielte die kretische Mutter sich selber am schmalen Arme von Tityros einen Spiegel vor, in welchem sie sich entzückt betrachtet, so faltete sich das ganze zauberische Kreta vor diesem Götterort auf und hin.

Da waren die Ketten der Weißen Berge im Sonnensamt ihres Blaus, je ferner in desto leiseren Farbenzügen, da war die Häusersaat von Chania im Licht, das schon zu der Göttin Zeiten eine mächtige Stadt war und Kydonia hieß, da waren die Spitzen von Akrotiri, die Uferhöhen von Malaxa, und ganz im weiten, von meinem liebenden Blicke gesucht, der Ida, ganz für sich allein. So war es, daß diese Göttin Einsamkeitsträume sann.

Der Tempelplatz: nun, es ist nicht mehr viel da von der einstigen maßvollen Pracht; nur eben die Tempelgründung und einige Trümmer, wie Reste eines abgegessenen Mahls. So wie wir vom griechischen Geist nichts besitzen als die Schalen und Spelze und zufälligen Reste eines Überflusses, der einst Leben und Wahrheit war.

Ich unterschied die Teile eines weißen Marmortempels, der mich kalt und glatt anmutete, römerzeitlich wohl, daneben aber anderes aus dunkelwarm braunem Sandstein, Altgriechisches, Bescheidenes, Schönes. Es muß ein jüngerer Tempel über einen alten gebaut worden sein.

Mit Lust begriff ich die rauhwollige Haut des sandigen Steins, der lebt und beseelt ist. Drei, vier Säulentrommeln waren noch da, kleine; in den dorischen Schattenzügen lag noch der feine Marmorstuck.

Liebendes Handwerk! Geliebter Stein! Von einer

Distel benickt, von Gänseblümchen umsprossen und Klee, atmend noch immer wie ehemals.

Der vielstündige Weg über die Berge und Schluchten von Tityros bis zum ersten Dorf ließ mich empfinden, wie einsam die Göttin da draußen gehaust hat am Meer, das von einem heftigen und großmütigen Blau war und furchtbar auf jeden Fall, selbst im Licht.
Die Diktynna, so wußte ich nun, war also eine kretisch-griechische Gottheit. Es hing ihr da eine Geschichte an, ich hatte sie auch von meinem Museumsfreunde gehört. Die Göttin, von Minos bedrängt, sei neun Monate auf der Insel umhergeirrt, an diesem Fels habe er sie endlich erreicht und ergriffen, da habe sie sich verzweifelnd ins Meer gestürzt. Aber sie sei in die Netze der Fischer geraten, und so ward sie gerettet. Diktynna: die durch Netze gerettete Göttin, sagte der alte Herr, behutsam, wie jemand auf Eis geht, wegen der schwierigen Wortfolge im Deutschen.
Nun, das sind so Geschichten. Es ist da wohl etwas Vorsicht am Platz. Derlei ist mir ein wenig zu gefällig und prompt, es hat jenes Zuviel an Glätte und Süße, das man aus dem späteren Altertum kennt; es ist vergleichsweise Porzellanmalerei. Wahrscheinlich hat sich diese Geschichte ein späterer Dichter nach dem Gleichklang der Worte erdacht, denn diktyon ist griechisch das Netz. Alles ist auch nicht Gold, was sie so erzählten.

Man sieht wiederum, wie Krauses herauskommt, wenn man, wie wir, gezwungen ist, sich an das zufällig und lückenhaft Überkommene zu halten, und die Splitter des Frühen und Späten zu einem Bilde zusammenzutun. Den Griechen wuchs das Gespinst ihrer Götterphantasien mit der Zeit wohl auch über den Kopf, und die Gestalten waren ihnen dann selbst nicht mehr faßbar. So suchte man hier und dort zu bändigen und zu vereinfachen. Das Bild der Diktynna, die eine alte kretische Göttin war, ließ man ins Bild der Apollonschwester Artemis eingehen, die weniger landschaftlich gebunden und in ganz Griechenland verehrt war. Aber ich zweifle, ob dadurch die Dinge klarer wurden. Das Bild der vereinigten Göttin wurde nur um so vieldeutiger, und es begann zu schillern. Gerade Artemis ist voller Geheimnis und Rätsel. Oder was soll man dazu sagen, daß die Jungfräulich-Spröde, die Keusche, die Jägerin, bei Homer noch den Namen der Opferschlächterin führt, was übrigens zur Iphigeniensage, zu ihrer taurischen Gestalt also, weit eher passen will als zu dem landläufigen Mädchen- und Anmutsbilde, das auch in jener Verfolgungs- und Netzegeschichte spukt.

So wird auch viel eher — denke ich mir, indem wir durch Stunden die Felsenöde von Tityros überwandern und keiner Menschenseele ansichtig werden, als nur im Abenddämmern dreier Bauern aus Rhodopu, die aufgeregt berichten, daß ihnen gestern die Bande siebzig Schafe und jetzt eben an die hundert geraubt hat, so wird auch die kretisch-dorische Göttin

Diktynna eine Art taurischer Artemis gewesen sein, dunkel und rauh, eine Gottheit der Fischer und Hirten, und nicht umsonst wird sie in der Ödenei und der Meeresweite ihr Haus gehabt haben.

Auch die Wissenschaft hat ihre Moden: die Archäologie hat sich in den letzten Jahrzehnten auf Kreta viel eifriger der wiederentdeckten minoischen Kultur zugewandt als dem Griechischen, von dem im ganzen noch wenig ausgegraben ist, obgleich man seit langem die Plätze kennt. Ich gehöre zu denen, die das bedauern. Meine Liebe auf Kreta gilt dem Dorischen, dem Ida, der Ankunftslände des Mädchens Europa, der Grotte des Zeus, dem griechischen Gortyn mit dem Apollontempel und dem steinernen Recht — und neuestens dem diktynnaischen Tempel.
Die Ruinen der griechischen Stadt Polyrrhinia zu sehen, war mein nächstes Ziel.
Auch die Kenntnis von diesem Ort verdankte ich meinem Flug, doch war ich dabei meiner Sache nicht so gewiß wie bei dem Tempelfundamente der Meniesbucht. Von Polyrrhinia hatte ich nie etwas gehört. Während wir aber damals auf die Weißen Berge zuflogen, erspähte ich einiges, was mir nach griechischen Mauern und griechischem Stein aussah. Was mich in meiner Vermutung bestärkte, war eine Kapelle gleich nebenbei. Denn soviel hatte ich in Griechenland nun schon gelernt, daß ich wußte,

es gebe landauf und landab kaum einen Tempelort der Antike, wo sie nicht beizeiten, gleich einem Pfändungsiegel, ein Christenkirchlein danebengesetzt.
So vermerkte ich den Punkt auf der Karte genau und fragte jetzt meinen Museumsfreund. Freilich, es sei an dem, erwiderte er, und es sei die alte Stadt Polyrrhinia, wo er selbst einmal auszugraben begonnen habe.
Die Stelle lag genau südlich Kastelli Kisamu, zwei Stunden vielleicht in den Bergen.
Ich stand an der Wurzel der Halbinsel Tityros auf der Höhe des Passes.
Tityros und der andere Kretafühler, Korikos, bilden da eine großgerahmte Bucht. Von einem Vorgebirge zum andern hinüber schwingt sich in flachem Sichelbogen ein blinkender Sandstrand, stundenweit, einer Schwimmhaut zwischen riesigen Fingern vergleichbar. Hier liegt Kisamu.
Von dort liefen wir auf Eselwegen landaufwärts nach Ano-Paläokastro. Am Fuß eines Berges, der das Dorf trägt, trafen wir im Olivenhain den Bürgermeister und viele Bauern. Sie kannten sehr wohl die Archäa und hätten uns gerne geführt, wenn nicht ihre Verhandlung noch wichtiger gewesen wäre. Man sah es ihren erhitzten Gesichtern an, wie sehr sie es war. So wollten sie zwischendurch links! und rechts! und geradeaus rufen, während wir den Berg hinaufstiegen.
In das Terrassengemäuer des Berges, unter Oliven- und Mandelbäumen, waren schöne antike Steine

verbaut. Der Boden war trächtig. Einmal, in einem frischbraunen Feld, trat ein ganzes Stück wohlerhaltener Mauer zutage, herrliche, klare Griechensteine. Ein wenig Wiese darüber, angefüllt mit jung entsprossenen Narzissen im Saft: die ersten des Jahres, im November.

Wir kamen zu dem, was ich damals aus der Luft beobachtet hatte. Es war ein merkwürdiger Bau, wie eine gewaltige Bühne, an die hundert Schritte in der Länge, mit einer großen Stützmauer gegen das Tal. Die schöne Fläche zeigte Felder in zweierlei farbigem Stein, weißem und bräunlichem. Ich hätte wohl nichts aus dem Ganzen zu machen gewußt, wenn mich nicht vordem der Ausgräber selber belehrt hätte. Er glaube, erzählte er mir, es sei ein großer Altar der Diktynna. Auch in Syrakus kenne man einen Altar, der so ausnehmend groß sei wie dieser oder selbst größer noch. Die Felder aus zweifarbigem Stein seien dann wohl die Abteilungen der einzelnen Städte, die der Göttin hier opferten in einem großen Gesamtfest, einem kretischen Olympia. Eine schöne Vorstellung. Mit ihr kam ich schon hin zum Berge; was sich nun aber hinzuschenkte, war nicht vorauszusehen: der geadelte Blick von dort über Berge und Meer.

Aus den niedrigen Höhen emporgestiegen stand ich gerade inmitten von Tityros und Korikos hoch über der Bucht. Mit ihren ungeheuren Bergesarmen formten sie einen machtvoll empfangenden Hafen, der sich gegen das Festland drüben, das griechische Mutterland, auftat. Die Felsenwände stiegen beiderseitig bis an die tausend Meter unmittelbar aus dem

Meere empor, die Höhen schoben sich hintereinander wie die Kulissen eines Göttertheaters. In der Ferne schimmerte Antikythera.
Ich bildete mir ein, daß hier einst die Dorer von der Peloponnes her gelandet sein könnten, großartig empfangen.
Es war eines der hinreißendsten Bilder, die in diesen kretischen Tagen durchs Tor meiner Augen in mich gegangen.
Das war wohl der gedeckte Tisch einer Göttin! Das waren wohl Mähler, wenn ein Dutzend von Feuern die qualmenden Räuche von bratenden Stieren gen Himmel gewölkt, zum Ergötzen der kretischen Mutter!
Das Meer war an diesem Tage hellblau und fahl, der Himmel voll dramatischer Wolken. Güsse und Stürze von heftigem Licht brachen dazwischen hervor. Schleier aus zartestem Violett fielen da und dort auf die See wie Schillerglanz von Schmetterlingsflügeln.
Das war wohl, was Homer die purpurne Salzflut nennt. Ich hatte mich damals schön abgemüht, mir das vorzustellen; auch die Lehrer wußten nicht so recht Rat. Wer soll auch erklären, wenn er die Wunder des Landes nicht selber erlebt hat und nicht weiß und nicht ahnt, wozu Farben und Licht hier imstande sind! Purpurn — wir dachten uns damals ein rotlila Meer, nicht wissend, wie sehr diese Landschaft Eindeutigkeiten verschmäht.
Denn es war nur ein Purpurflor, nur Ahnungen, Düfte und leisere Stufen.
Die Höhe von Polyrrhinia ist überschirmt von einer

noch höheren Höhe. Eine starke Mauer, an der nacheinander alle Zeiten gebaut haben, führt dort hinauf.

Es läßt sich öfter bemerken, daß griechische Tempel und Burgen, die auf Höhen liegen, nicht ganz zuoberst gesetzt sind. Die Akropolis ist nicht der höchste Hügel im Tal von Athen, der Lykabettos überragt ihn bei weitem, Delphi hängt zwischen Gipfel und Schlucht, Mykenai und Argos liegen auf Hügeln vor höheren Bergen, auch Sunion ist von Höherem bewacht.

Wohl mag dies oft seine einfachen Gründe haben, eine Quelle oder was sonst. Aber gleichwohl: ich liebe dieses gehaltene Maß, das sich da ausspricht, das menschlich Verbleibende, und sehe etwas Griechisches in diesem Gewarnten, welches das Letzte nicht nimmt.

Das Dorf, das jetzt auf dem Berge von Polyrrhinia liegt, ist erfüllt von den Resten der alten Stadt, die noch keiner ergrub. Ein altes Quellbecken ist da, weit in den Berg gemeißelt, von klarem Wasser heute noch erfüllt. Eine Bäuerin wusch an dem Trog, der immer noch spendet. In schlechte Häuser sind Steine verbaut, die Inschriften tragen, und auf einem dorischen Kapitellchen, das im Hof eines Bauern stand, schlugen wir Mandeln auf. Es muß eine mächtige Stadt gewesen sein, lang nachblühend in späteren Zeiten. So weitab vom Wege wie dies liegt noch manche andere Spur der alten, hundertstädtigen Kreta. Viel schläft noch im Boden. Wie vielfältig ist diese Insel mit ihren zerpflückten Küsten, aufgefal-

teten Bergen — welch eine Fülle von Einzelnem
und Getrenntem! Nicht auszulernen in langer Zeit!
Längst habe ich noch nicht alles gesehen.
Einmal kam ich, durch Zufall mehr, ins Gebiet der
dorischen Stadt Hyrtakina, weit drinnen im bergigen Selino. Es soll eine Stadt aus homerischer Zeit
sein. Aber fast nichts ist erforscht. Nur ein Heiligtum Pans ist gefunden, zwischen den Felsen. Das
Marmorbildnis des Gottes der Hirten und Herden
steht jetzt in der Schule des Dorfes, mit zottiger
Brust, bocksbeinig, geschwänzt, auch mit allen gehörigen leiblichen Prächten, die einmal sein Stolz sind
und die Freude aller anderen auch. So außer der
Welt ist Hyrtakina, daß es nicht einmal möglich
war, das Bildwerk nach Chania zu bringen. Denn die
nächste Straße ist stundenweit weg, es gibt nur bergige Pfade, aber für Maultiere ist dieser Marmorblock viel zu schwer. Pan muß bleiben und die Dorfkinder vergnügen, und es ist besser so.

Wenngleich einst die Dorer die ganze Insel bezogen,
so empfinde ich doch den Westen von Kreta als das
besondere Dorerland. Hier müssen sie angekommen
sein, und hier gibt es, ich sehe es und bin's überzeugt,
bis heute noch viel dorisches Blut, das sich hielt. Auf
dem Land, in den Bergen trifft man allüberall große
Gestalten mit blauen Augen und blond — mehr als
im Osten, wo viel aus Kleinasien herübergekommen
sein mag.
Ich gedenke des Alten, den ich auf den Trümmern

der griechischen Stadt Aptera sah. Aptera liegt hoch auf dem Berg über der Sudabucht, großartigen Ausblicks aufs dunkelnde Meer.
Ich wußte die Stelle nur ungefähr, die Karte kannte sie nicht. Ich suchte querüber Berg, da sah ich den Alten und lief ihm nach. Er wußte es wohl und ging gleich mit mir, siga, siga, immer schön langsam.
Es war ein Bauer vom Dorf Plakalona, in kretischer Tracht, ein Mann vom Wuchs eines alten Baumes, mit strähnigem Weißhaar und hellblauen Augen.
Wieviel Jahre hast du? fragte ich ihn.
Achtzig.
Da hast du noch zwanzig. Er brummte zufrieden, hob aber mahnend den Finger zum Himmel und sprach: o Theos!
Wir kamen an eine gewaltige Mauer, herrlich gefügt. In der Tiefe qualmte ein Kalkofen. Überm Tal in der Ferne die Silberkrone der Weißen Berge. Im Blauhauch des strahlenden Morgens wehte ein kühler, männlicher Wind.
Ein zierliches jonisches Säulchen stak mitten im Feldrain. Es war so edel und klar wie das Licht, wie der Wind, wie der Morgen.
Er erzählte, auf seinem Felde habe sein Vater vor vielen Jahrzehnten zwei Marmorfiguren gefunden, riesig groß. Die Türken hätten sie fortgebracht mit dem Schiff.
Weißt du das, sagte er und blieb stehen, indem er seine Schwere mir zuwand: diese Menschen verehrten nicht Gott, er deutete wieder nach oben, sondern Steine.

Glaub ich nicht, sagte ich.
Sicher, gewiß. Steine. Deshalb hat sie Gott auch vertilgt.
Wir fanden das sauberklare Fundament eines kleinen griechischen Baues, es konnte ein Tempelchen gewesen sein oder ein bedeutendes Haus, aber aus bester klassischer Zeit, das war klar. Obgleich nicht viel da war, nur ein kniehoher Mauerzug, so blinkte und klang es doch ringsum von Jugend und Licht, von der Glorie, die das Höchste und Reinste der Menschheit versendet und die den Tod übersingt.
Dann mußt' ich mit ihm in ein Kirchlein, das da stand und in dem nichts zu sehen war. Er trat schweren Altersschritts vor die heiligen Bilder: die Gottesmutter, Sankt Nikolaos und Christus in Herrlichkeit. Er beugte sich tief vor jedem, küßte laut schmatzend allen den Fuß und schlug viele Kreuze. Es dauerte seine Zeit. Dann zogen wir weiter. Er begann laut und kraftvoll singend zu rufen, da kam sein Sohn weither von den Schafen. Er wies ihn mir vor, es war der jüngste von neunen. Ich lobte den Sohn, der Alte brummelte stolz.
Der Doppelgipfel des Ida war fern, frisch und jung im Morgenlicht als ein winziger Rauch.
Er zeigte mir eine Zisterne aus römischer Zeit, einen mächtigen Bau tief im Berg und im Boden, dreischiffig und groß wie eine römische Kirche, noch heute voll Wasser. Er stieg bedachtsam hinab und machte mit Singen und Rufen die Macht der Gewölbe vernehmbar.
Es müssen sehr tüchtige Menschen gewesen sein,

erklärte er mir. Sehr tüchtig und stark. Sieh nur die großen Steine über und übereinander!

Aber an Gott glaubten sie nicht, wiederholte er nochmals und stieß ergrimmt mit dem Stock auf den Fels: sondern an Steine! Ich verließ ihn, wie er am Rand eines uralten Brunnens saß. Er wartete auf seinen Sohn, der ihm etwas zu essen bringen sollte, und sah über sein Land, seine Berge, sein Meer, seine Felder, die über dem waren, was einst eine volkreiche Stadt war. Jetzt wich ihren Trümmern der Pflug aus.

Wenn sie heute kommen und graben — im nächsten Jahr hat der Bauer wieder Erde darüber getan und pflügt wieder von neuem, der stille Sieger. Er lebt immer, wenn vieles stirbt.

Dieser Mann, der da saß in der Sonne und der soeben die Bilder geküßt — nur nicht Steine! —, war älter als die versunkene Stadt.

SCHLUCHT VON SAMARIA UND
HAGIA RUMELI, TARRHA

Es war spät im Jahr, Ende November, als ich von Chania aus über die Weißen Berge hinweg, über das Dorf Lakki und die Bergebene Omalos, die ich schon vom Sommer her kannte, durch die große Bergschlucht hinab nach Samaria und Hagia Rumeli zum südlichen Meer laufen wollte.

Glücklicherweise hatte ich auf der Straße in Chania den Loisl getroffen, aus Tittling bei Passau, von dem ich wußte, daß er in Samaria drüben bestens bekannt war.

Nämlich, wie es in den entsetzlichen Kriegen halt auch am Rande passiert, war ein kleiner Trupp von Soldaten mit nichts Wichtigerem beschäftigt, als in den schwer zugänglichen Hochbergen des Wolakkias einen Film zu drehen, in welchem es um die Bezoar-Ziege ging, also die wilde Ziege, das Agrimion, einem behenden Geschöpf, welches ähnlich unserer Gemse eine Art volkstümlichen Mythos hervortrieb, und um den Eleonoren-Falken und überhaupt um die südliche Felsenlandschaft der Insel und ihr Getier; man muß dabei wissen, daß die Insel, auf der wir zwar Eindringlinge und Fremdherren waren, auch von vielen heiß geliebt wurde. Ein Zoologe, der Feldwebel Siebert, und ein Ornithologe, der Gefreite Mihan, waren vom Befehlshaber beauftragt; zwei Landser, der Alois aus dem Vorfeld des Böhmerwalds, und der Kruggel, waren beigeordnet und alle vier waren entschlossen, den Film so lang werden zu lassen, wie der Krieg dauere. Das Team hauste in einem Hochlager auf anderthalb tausend Metern; man muß bei solchen Höhenmaßen immer bedenken, daß sie auf Kreta von Null, vom Meer aus, zu bewältigen sind. Noch etwas. Während die Weißen Berge in ihrer Ausdehnung zwar den Bayerischen Alpen von Salzburg bis Lindau entsprechen, so haben sie, die wasserlosen, doch bloß zwei oder drei Quellen, deren jede so dünn wie ein Bleistift fließt. Das ist die Stärke dieses Gebirges, das macht es schwer zugänglich. So war das zoologische, ornithologische und filmische Hochlager denn auch an die Quelle gebunden, die Linoseli heißt und hoch droben am Wolakkias rinnt.

Bei diesem Lagerleben hatten sich der Loisl und der Kruggel beim Zelt-Aufschlagen, Feuer-Anmachen, Holz-Herbeitragen, Wasserholen, Kochen und Waschen unentbehrlich gemacht, auch in den Wintermonaten, wenn droben Schnee lag und der Trupp in einem kleinen Haus in Chaleppa, einem Vorort von Chania am Meer hauste, Filme entwickelte, Vogelbälge ausstopfte und allerlei aufschrieb. Der Alois war leidenschaftlich der Sache ergeben, von deren Wichtigkeit er voll überzeugt war; er war immer tätig, immer gut gelaunt und, wie es Eigentümlichkeit seines Standes ist: er tat nie den Mund auf, ohne etwas kraftvoll Überzeugendes und Herzhaftes zu sagen, nie Angelesenes oder Überkommenes, wie es sich mehr und mehr in den Mündern herumtreibt.

Doch war das Unternehmen Agrimi vor kurzem zu Ende gegangen. Der Feldwebel, Doktor Siebert, war mit den anderen eines Morgens aufgestiegen zum Gipfel, hatte dort sein Fernglas liegenlassen, war beim Abstieg halbwegs zurückgekehrt, um den Gegenstand zu holen, wollte bald nachkommen, kam aber nie mehr, der Herzschlag hatte ihn an einer weiter nicht schwierigen, doch abschüssigen Stelle getroffen, sodaß er abstürzte. Die Männer von Samaria, das war die große Familie der Wiglis, trugen den Toten auf den Schultern zu Tal, so wie man es auf geometrischen Vasen sehen kann.

Denn mit den Wiglis-Leuten hatten die Deutschen vom Hochlager enge Freundschaft geschlossen. Das verstand sich durchaus nicht von selber, da die Wiglis auch mit den Partisanen Verbindung hatten, und nicht bloß Verbindung. Es war ziemlich sicher, daß der älteste Wiglis-Sohn, der Theodori, ein kretischer Berg-Held, bedeutender Vieh-Dieb und Mädchen-Räuber, in jedem Sinne eine Eins bei den Partisanen war. Erst nach dem Krieg, aus den Darstellungen britischer Offiziere, wurde es so recht klar, daß die Briten den ganzen Krieg über in den Weißen Bergen ihre Stellungen hatten; sie wurden in Unterseebooten an der schwer zugänglichen, felsigen Südküste abgesetzt und versorgt und versahen den kretischen Widerstand mit Waffen und Taktik. Es bezeugt das Unterscheidungsvermögen der Wiglis, daß sie mit den Deutschen, die den Ruhm ihrer Insel und nichts anderes im Sinn hatten, Freundschaft hielten; sie standen unter dem Gastrecht; sofern sie Eroberer waren, Fremdherren, waren sie Feinde der Freiheit und mußten bekriegt werden.

Nach dem traurigen Ende des Siebert steckte der Alois wieder irgendwo. Von dort war er mit einem Auftrag in die Stadt geschickt worden. So lief er mir in den Weg. Ich fragte ihn, ob er mit mir nach Samaria gehen wolle. Zwar sei es schon spät im Jahr und vielleicht setze der Regen schon ein; er wisse ja besser als ich, daß die Klamm sich alsdann mit Wasser fülle, reißendem, und auf Monate nicht mehr passierbar sei, aber ich wolle und müsse es dennoch versuchen, ich müsse die berühmte Schlucht und die felsige Südküste sehen.

Ja, sagte der Loisl, daß er alles wie seine Hosentasche kenne und es sei sein Herzenswunsch, das alles wiederzusehen, die Wege, die Freunde. Er könne mir da auch nützlich sein; überhaupt, allein oder mit irgendwem dürfe ich nicht gehen, überhaupt nicht. Die von Samaria seien schon recht Wilde, »des san scho rechte Wülde« sagte er, da könne nicht jeder einfach so kommen, da sei schnell Feierabend. Wenn aber er dabei sei, da passiere nichts, da sei Verlaß drauf, denn er sei auf Leben und Tod befreundet mit denen, er habe doch mit dem Theodori Blutsbruderschaft getrunken, so wahr er da stehe.

Ich lachte, aber das hatte der Loisl nicht gern. Er sagte, da gebe es gar nichts zum Lachen, ich wisse halt nicht, was das sei. Das täten die nicht mit jedem, eine große Ehre sei das, und ich werde schon sehen, daß sich das übertrage auf mich.

Im Bergdorf Lakki, das weit verstreut und überaus hübsch am Nordhang der Weißen Berge liegt, besorgten wir uns einen Maulesel. Von da aus geht es ein paar Stunden hinauf zum Omalos, der von Bergen umzirkt auf tausend oder zwölfhundert Metern liegt. Das Wetter war zweifelhaft. Großmächtige Wolken hingen vor uns. Drunten am Meer, wir sahen es gut, war besserer Himmel; aber ein starker Wind aus Südwest staute sich an dem Zweitausenderwall, und die Höhe hatte anderes Wetter.

Nach einer Weile begann es zu regnen, tropisch reichlich und warm. Beginn der Regenzeit also.

Das war schlimm. So war es also doch zu spät im Jahre geworden, ich hatte die Sache zu lange hinausschieben müssen. Nun würde ich wohl die berühmte Schlucht von Samaria nicht mehr sehen, worauf ich doch brannte. Es würde schon wegen des Wassers nicht möglich sein, sie zu durchgehen, denn sobald es zu regnen beginnt, ist sie nichts als ein reißender Wildbach; ein Weg ist da nicht.

Nach zwei Stunden aber war alles anders. Die Regenzeit hatte doch noch nicht begonnen. Der Himmel war blau. Die herbstliche Sonne stand schräg. Der Boden duftete: Alpenluft. Bergpfade liefen göttlich hinan. Von weither kam dünnes Ziegengeläut.

Das Wasser war schnell in den kalkigen Boden versickert. Nur auf den Blättern stand noch Feuchtes. Es gab andere Pflanzen als im Sommer und mehr; prunkende, hohe Wolfsmilchstauden standen am Wege.

So trostlos und öde es in Griechenland bei Regen und Kälte ist: nun war alles wieder gut, und alles einzelne erfuhr wieder einmal seine kleine Himmelfahrt im Jubel des Lichts.

Dann lag der Omalos da, verwunschen im Herbstlicht. Wahrhaftig, die Ebene war schon im Grün! Das Getreide war aufgegangen und stand schon fingerhoch. Es ist hervorragender Boden, braun wie bei uns, nicht rötlich wie sonst hierzulande im Tal. Richtige braune, bröselnde, modrig duftende Ackererde, die durch die Finger rinnt.
Ich konnte mich nicht besinnen, diesen Eindruck, weich-feuchte, rinnende Erde in prüfender Hand, in Griechenland je so genossen zu haben.
Ausgedörrt von zweihundert glühenden Sonnen, gleichsam zerschrunden vom Anblick ewig kahlen, rissigen Steins und spärlicher Erde, trank ich mit allen Sinnen die heimatlich dämpfige Feuchte, sah erquickt und tiefatmend das feuchtklar gereinigte Antlitz der Gipfel ringsum, die Regenlachen im Grund, das schräge Goldlicht der Nachmittagssonne, die Wolkenränder, goldrot besäumt.
Da war auch wieder das große Haus, eigentlich mehr ein Turm, den einst ein General zu Türkenzeiten erbaute.
Der Turm, ein Steinklotz aus Bruchstein, war fensterlos und mehrstöckig. Im Innern war er mit Holz-Stockwerken und Treppen ganz gemütlich gemacht; Rucksackgewurstel und tischloses Hausen im Halbdunkeln; eine almhüttenhafte Zünftigkeit herrschte. Der Oberfeldwebel war ein gebildeter und sympathischer Mann, mit dem ich im Abend vor dem Turm am Holztisch lang und gut im Gespräch war.
Omalos heißt: der Flache. Er ist eine Paß-Senke wie ein grüner Teichspiegel, ungefähr kreisrund, im Zir-

kel von Bergen umstanden, so hat er auch niederrinnendes Wasser. Man umrundet ihn in zwei Stunden, überquert ihn in einer. Die tausend oder elfhundert Meter, die er über dem Meer hat, rücken ihn eine Handvoll Breitengrade nach Norden, so trifft man hier südnördliche Verhältnisse an, sieben Monate strahlendes Hochgebirgswetter und fünf Monate Feuchte und Frische.

Und Alpenfrieden.

Der Omalos war damals noch unbewohnt, nur im Frühjahr kamen Leute von Lakki herauf, um ein paar Felderbreiten zu pflügen, mit Holzpflügen, und im Juli zu ernten.

Da war auch der Brunnen. Als ich ihn zuletzt sah, im September, war seine kreisrunde Tiefe bodenlos schwarz. Der Spiegel des Wassers vom letzten Jahr war tief-tief gesunken, und an langen Stricken zogen sie ihre Eimer herauf in den Zügen des vor Alter gerillten Brunnensteines, die Frauen und Mädchen von Omalos, die abends im Dämmer von weit aus der Ebene kommen, hierher, wo sie zur tiefsten Stelle sich neigt, und ihr Wasser holen und sitzen und sprechen ins Dunkle hinein.

Jetzt eben, im Abend, sickerten von allen Seiten Herden, Ziegen und Schafe, mit ihren Hirten herab; ohne den Brunnen war ja hier oben kein Leben. Man hätte am Tag nicht vermutet, daß so viel Lebendiges sei in den Falten der Hügel und Berge. Der Brunnen zog alles zusammen. Hier war alles noch, wie es in antiker und in biblischer Zeit war, wie am Brunnen, zu welchem Rebekka hinabstieg

und wie am Jakobsbrunnen, an welchem Jesus mit der Samariterin sprach.
Die Nußbäume waren jetzt kahl, wo wir damals im Sommer mit Steinen nach Nüssen warfen. Nur die wilden Birnbäume hielten die Blätter noch, aber sie haben sich rostrot gefärbt, über die ganze Ebene hin sind sie verstreut als farbige Tupfen, diese echten knorrigen Söhne der griechischen Bergwelt, die so kärglich aussehen und trotzdem oft ihre hundert oder zweihundert Jahre haben und Holz, hart wie Eisen.
Es war ein entrückter Abend. Der Mond, im letzten Viertel, wanderte durch eine Zeile schneeweißer Wolken.
Weit hinten, wo die Schlucht von Samaria in die Tiefe stürzt, vor der lotrechten Wand des Wolakkias, dampfte Gewölk aus dem atmenden Schlund.

Als wir am Morgen bei Hellwerden das Haus verließen, war der Himmel klarblau und zeigte keine einzige Wolke.
Wir liefen über die Ebene hin bis an den Rand, wo plötzlich der Steilhang der Schlucht beginnt. Gegenüber geht die Kalkwand des Wolakkias und des Prinias an die tausend Meter hinauf und ebensoviel nach drunten hinab. Die gewaltige Falte der Berge, die Schlucht, setzt hoch droben am Berge an und stürzt in großartig gedrehtem Schleuderschwung rings um die Masse des Berges, gleich einem titani-

schen Schneckengang, in vielen Stunden hinab bis zum Meer.

Soweit wir es sahen, war der Abgrund erfüllt von dem Dunkel breitästiger Zypressen. Hoch droben hingen Geröllfelder gegen die Sonne im Glitzerkies. Die abschirmenden Wände und Gipfel hatten scharfe Lichtkanten gegen die leuchtende Folie des Himmels, wie geschnitten in wahres, in pures Silber hinein. Aus der Tiefe rauschte ein Wasser.

Es war ein Herbsttag — einer von denen, an welchen der Himmel höher und weitergespannt sich über die Erde zu wölben scheint als sonst im Jahr und gleichsam vom Klang reinsten Erzes erdröhnt. Wo man fühlt, daß es glückt.

Die ganze Welt war von atmendem Blau überdunstet. Alle Bergseligkeiten, die ich in meinem Leben jemals empfunden, brachen wiederum auf wie die Quellen.

Der Weg führte in steilen Kehren hinab in die großartige Wildnis. Wohl nirgend in Griechenland hatte ich soviel grünendes, duftendes Holz auf einmal gesehen. Es war ein lichter Wald von Kiefern, Steineichen und von breitästigen Zypressen, die von weitem der Tanne ähnlich sehen und der Heimatbaum Kretas sind, wie die hellgrüne Kiefer der ist von Attika.

So vielen Baumwerks nicht mehr gewohnt und nicht mehr des Nadelduftes, den die wärmende Herbstsonne aus ihm brütet, empfand ich den Weg in den Grund hinab wie eine Wanderung im Parke, oder war es das Pathos des Tals und des duftenden Mor-

gens, in tiefer Stille ganz außer der Welt, was mich das Gehobene der Landschaft empfinden ließ?
Ich zerrieb einen Zypressenzweig zwischen den Fingern und sog den Duft seiner Weihe, gleich fremd und gleich heimisch, voll Opferruches und Feierlichkeit, vielmals ein.
Die Stille des Tals war so grenzenlos, daß es wie ein Ereignis war, als von drunten her unter Maultierrufen eine Gruppe entgegenkam. Es waren Bauern, sie trugen schöne kretische Tracht. Ich fragte woher: aus Samaria.
Da kommt weiter oben gleich hinter mir, sagte ich ihnen, ein Freund von euch, vom Sommer und vorigen Jahr.
Ein halbwüchsiger Junge, dessen Blauaugen zum dunklen Haar mir gefielen, beugte sich lebhaft vor. Pios? Wer ist's? O Loisos?
Ja natürlich, der Loisl.
Er machte einen Freudensprung, warf die Arme hoch und jauchzte. Wir warteten alle, bis Loisl kam. Er quälte sich ab mit dem Maultier, das nicht gut im Stande, und auf dem steilen Weg, den es nicht kannte, unsicher war. Von weitem hörten wir schon sein bayrisches Schimpfen.
Die Freude aller war groß.
Wir stiegen weiter hinab und erreichten allmählich die Sohle des Grundes. Das Wildwasser strömte in klingender Klarheit über schwärzlichen Schiefer und hellblinkende Kiesel, verschwand zuweilen in der Tiefe des Gerölls und trat plötzlich wieder zutage. Wir liefen am Bachbett fort oder kletterten

über niedergestürzte Blöcke. Vorsichtig äugend, den Kopf nahe am Boden, tastend mit schlanken Beinen, suchte das schwerbeladene Tier sich das beste. Aber es war ihm ungewohnt, das Wasser zu überqueren, wozu wir unaufhörlich gezwungen waren. Zornrot und wütig trieb es der Alois an und erfüllte den Grund mit Flüchen und Treiberrufen, die mir ganz neu waren. Seine Künste konnten nicht hindern, daß das Tier einmal strauchelte, abwarf und fiel und unser Gepäck im Geriesel des Wildbaches lag.

Dann kam ein etwas offener Platz mit einem Kapellchen, ein natürlicher Rastort. Kleine Buckel voll Wiesengrün waren da, erstes Gras dieses Jahres. Gänseblümchen und Krokus schienen eben der Erde entschlüpft. Wilde Oliven und schöne Platanen mit rotgelben Blättern: man wüßte sonst nicht, daß es Herbst ist. Das Kapellchen war drinnen zu einem vollkommenen Ziegenstall ausgebaut. Niemanden hat das bekümmert, und die Gottesmutter, der es geweiht ist, wird's schon nicht übelnehmen: sie wird sich der Nacht und der Zeiten erinnern, wo ihr ein Stall zum heiligen Raum ward, so wie der heilige Raum hier zum Stall.

Es ging gegen Mittag, als wir, immer geführt von der Tiefe des Grundes, uns Samaria näherten. Die Felsen öffneten sich zu lichteren Hängen und Halden, bevor sie gleich hinter dem Dorf aufs engste zusammentraten zur Klamm, die nach Süden hinführt zum Meer.

Ich weiß nicht, ob es an der Reinheit der Luft nach dem Regen lag oder am klarhellen Wasser oder an dem Gottesgeschenk dieses Spätsommertages, seinem Licht, das wie strömendes Altgold war, seiner Wärme, dem harzigen Duft oder an der entrückten Einsamkeit dieses Grundes: ich glitt in eine allmähliche Verzauberung ein.

Da schob sich, im freier werdenden Blick, der Hochgipfel des Melindau ins Bild, zuhöchst am Himmel befestigt. Die Spitze war hell und herrlich erleuchtet, aprikosengleich ins Blaue hinein gewagt. Es war wie eine Krone der Welt und wie ein Heiligtum.
Im Anblick dieser lichten Erscheinung, die mir das Erhabenste und zugleich das Leichteste schien, was ich in meinem Leben erblickte — erscheinungshaft, aber im offenbarsten Lichte des Tages, voller Geheimnis: in Helle geheim, voll Magie im Überlichte des Mittags — wurde mir etwas zu einer Gewißheit, was ich zuvor nur als eine Möglichkeit spielerisch erwog: daß diese Schlucht ein Heiligtum des Apollon war.
Die Sache war die: das Dörfchen Hagia Rumeli drunten am Meer, das Ziel unseres Tages, steht auf dem Grund einer alten dorischen Stadt, welche Tarrha hieß. Tarrha besaß einen Apollonkult, Apollon Tarrhaios war hochgeehrt Ein Tempel stand dort. Noch ein florentinischer Reisender vor fünfhundert Jahren sah dort Säulen aus Marmor und Porphyr und Götterbilder aus heidnischer Zeit. Ein marmornes Haupt der Apollonschwester, der Artemis, preist er in seinem Buch, das ich in Chania im

Archiv in die Hände bekam, über die Maßen; vielleicht hat er es mitgenommen in seine Heimat Florenz und es steht dort noch heute. Auch waren im späten Altertum noch allerlei Sagen von Tarrha bekannt. Apollon hat sich dort mit einer Nymphe vermählt, wie es heißt, im Hause des Priesters Karmanor. Dieser Karmanor scheint derselbe zu sein, der nachmals den Gott in Delphi vom Blute des Drachens entsühnt. So führt ein Weg von Tarrha nach Delphi.

Wenn dort unten am Meer in dem weltverlorenen Tarrha eine bedeutende Gottesverehrung war, so kann sie kaum ohne Verbindung mit dem Ereignis der Gegend, der Schlucht, gewesen sein. Dies großartige Bild mußte von je das Gemüt der Menschen erregen, damals, auch heute; doch in früheren Zeiten mündete solches zumeist in Gottesglauben und -dienst. Auch in Delphi war ja die Schlucht ein Hauptstück des Heiligtums. Nichts anderes als sie war gewiß der Orakelschlund, aus dem die Offenbarung wie aus Erdtiefen kam: die Phaidriadenschlucht. Von dort, möchte ich glauben, war's, daß die Orakelstimme der Erdmutter Gaia kam, die älter war als Apoll. Von dort! Denn im Tempel, wo man jetzt danach grub, hat man nichts von einem Erdspalt gefunden; es war ja wohl auch ein zu handgreiflicher Zugriff in die Geheimnisse der Delphi'schen Religion, ich freute mich gleich, daß es erfolglos blieb.

Vielleicht ist es möglich, weiter zu denken: es gilt für gewiß, daß Apollon auf Kreta besondere und

alte Verehrung genoß; man hat lange geglaubt, daß er ursprünglich ein dorischer Gott war, aus dem hellen und männlichen Geist dieses Stammes entsprungen, und hält wohl immer noch daran fest, daß seine Verehrung aus Lykien über Kreta nach Hellas kam. Es gibt auch die Überlieferung, eine sehr angesehene sogar, denn die homerische Hymne auf Apollon sagt, daß der Gott aus Kreta nach Delphi gekommen sei. Schiffer aus Knossos haben, so heißt es, auf Geheiß des Gottes sein Bild aus Kreta entführt. Wohin sie es bringen sollten, wußten sie nicht. Da lenkte Apollon selber in der Gestalt eines Delphins das Fahrzeug nach Norden, ins Meer von Korinth, in die Bucht von Itea. Dann ließ er wissen, daß er dort auf den Höhen, der Ort ward Delphi danach genannt, seine neue Heimat besitzen wolle.
So ist seine Wanderung aus Kreta nach Delphi gewiß. Wie aber: wenn Tarrha eine älteste, bedeutende Heimstatt des Gottes auf Kreta war, kann es nicht von hier aus gewesen sein, daß Delphi gegründet wurde? Wäre es denkbar, daß dies hier der Urort für Delphi war? Vom Meere herauf die Felsenschlucht, empor zu den Bergen, den lichten Höhen, die durch Monate vom Schnee überglänzt sind, die Weißen Berge hier, dort der Parnaß: War das nicht dasselbe Empor in heiligen Stufen?
Ich weiß nicht, ob die Spur, auf die ich mich da geraten glaubte, eine richtige ist. Ob es denkbar wäre, daß hier ein Quellort des Apollonglaubens — des mächtigsten und tiefsten Glaubens der Griechen — gewesen sein kann.

Ich weiß nur gewiß, daß ich nirgends in Griechenland, nur in Delphi und hier, ein so tiefes, klärendes Glück empfand und nirgends in Griechenland so die stockende Gegenwart des Heiligen in einer Landschaft erfuhr.

Wir zogen weiter. Das Dörfchen Samaria, es sind nur zehn Häuser im Grund, berührten wir jetzt nur zu kurzer Rast. Wie alles an diesem Tage schien mir auch dies von besonderer Art: ein Hütort inmitten der Berge, schoßhaft geborgen, geadelt von den lichtversendenden Gipfeln der Berge — mit nichts auf der Welt zu verwechseln.
Gleich hinter dem Dorf verengt sich das Tal wieder zur Schlucht, die Schlucht zur Klamm, zum großen Ereignis.
Samaria liegt beinahe schon auf der Höhe des Meeres. Die zwei Stunden, die man von hier durch den Felsenspalt läuft bis ans Meer, bis nach Rumeli, geht es fast eben. Wir hatten inzwischen gehört, daß die Klamm noch begehbar sei — vielmehr wieder; denn einmal schon nach Oktobergewittern habe es reißende Fluten gegeben. Dann liegt Rumeli außer der Welt. Sie können von dort fünf oder sechs Monate lang nur mit Booten um die Insel herum zu den Städten gelangen.
So läuft man im steinernen Fanggriff der Wände dahin. Bald sind es zwanzig und dreißig Schritte von Wand zu Wand, bald sind es nur zwei oder drei, und

immer ein paar hundert Meter hinauf bis zum Licht. Es hallte ein jeder Schritt auf dem kiesigen Grund, und jedes gesprochene Wort.
Die senkrechten Wände waren über und über begrünt mit Hängendem, Strebendem. Es muß, wenn es blüht, ein herrlicher Anblick sein. Da die Botaniker sagen, daß sich in Schluchten und Schründen Gewächse halten, die anderwärts seit Urzeiten verschwunden sind, so mag hier manches Seltene oder auch Einzige forttreiben und blühen. Aber wer soll es pflücken! Vom Grund aus ist bis zu einiger Höhe hinauf von der reißenden Winterflut alles vom Steine gezehrt, und von oben herab kann einer nur mit dem Seile gelangen.
Auf einmal erhob sich ein Rauschen. Platanen inmitten der Klamm zeigten Quellwasser an, und wirklich, an zehn oder zwanzig Stellen zugleich sprangen eiskalte Ströme aus kiesigem Grund, sogleich armesdick, und wo wir bisher auf Trockenem gegangen waren, liefen wir nun neben dem Wildbach oder sprangen von Stein zu Stein über das klarkühle Wasser, das sich zuweilen in kristallenen Töpfen fing.

Halbwegs der Klamm öffnete sich der Raum zu einem Oval. Zur Rechten blieb die Wand wie vordem rotglühend und steil, links aber gab es offene Halden, mehr Himmel, mehr Licht. Es erhob sich ein Wiesenbühel und darauf ein kleines Kapellchen. Zypressen, groß wie die Schwarzwaldtannen, standen ringsum.

Christos hieß der geweihte Ort.
Über den Moos- und Wiesenteppich hinweg aber hatte sich eine Schar gelbleuchtender Ranunkeln scheinbar soeben aufgemacht, und wie ein Wallfahrtszug strömten sie hin zum heiligen Ziel.
Verliebt in meine Idee und versessen darauf, bildete ich mir ein, daß an diesem zum Dienst eines Gottes wie geschaffenen Ort inmitten der Schlucht dereinst ein besonderer Weihort Apollons war — vielleicht ein Orakel sogar. So oft in Griechenland hatte ich es gesehen, daß an ehemals heidnischer Statt ein christliches Kirchlein stand, daß ich mir diesmal erlaubte, rückwärts zu schließen, vom Kirchlein auf ein versunkenes Heiligtum. Auch schien es mir klar, da man die neuen Götter und Heiligen fast mit einem gewissen Bedacht an die alte Stelle gesetzt, daß man hier, an des Lichtgottes und Heilers Stätte von einst, das neue Licht, den Heiland gesetzt. Denn wenn Christus unter den griechischen Göttern einen Vorkünder hatte, so kann nur Apollon es sein.

Es war im Weiterwandern durch die wieder sich schließende Klamm das Ereignis des Weges, daß wir unten im Lichtlosen liefen und droben, bald hier und bald da, oft nur halbwegs geahnt, vom goldenen Spätlicht besonnte Höhen erblickten, Fluren des Lichts und obere Welten. Eine seidige Wolkenflocke zog einmal über den himmlischen Lichtspalt dahin. Sie war wie eine ausgeatmete Silbersträhne verdichteten Lichts.

Ich habe es nachträglich sagen hören, aber selbst nicht bemerkt, daß man an einigen engsten Stellen der Klamm am schmalen Bande des Himmels im hellen Tage die Sterne sieht. Es könnte wohl sein. Denn es ist ja bekannt, daß man schon aus tiefem Brunnenschachte diese Erscheinung erfahren kann. Die Sonne, selbst nur ein Stern, tilgt ja die anderen Sterne nicht aus, es ist nur der Vorhang des über die Erde zerstreuten Lichts, der die Sterne am Tage verbirgt.
Ich hätte es gerne gesehen an jenem Tag. Für diesmal war es zu spät. Komme ich noch einmal im Leben dorthin, dann will ich gewiß danach spähen.
So bleibt mir ein Wunsch.

Mein Plan war, fürs erste in einem Zug die ganze Schlucht vom Omalos bis zum Meere hinauszugehen, dann aber nach Samaria zurückzukehren und dort ein paar Tage zu bleiben.
Ich wollte die Klamm schon deshalb noch einmal vom Meer her durchlaufen, weil das von Tarrha her ja die gegebene, sozusagen klassische Richtung ist. Aus Delphi wußte ich, mit wie ganz anderem Gefühle man sich dem heiligen Orte nähert — nur dann, im Bilde zu sprechen: auf den Knien! — wenn man vom Meere heraufkommt und die Tempelstadt die hochgebaute, parnaßwärts weiß und sucht und sieht und sie einen durch Stunden des Steigeweges emporzieht.

So war es auch jetzt. Auch hier muß man, wie wir, die Nacht am Meere verbringen, in der Gegend des alten Tempels und der sandverschütteten Stadt, muß erwachen, wenn die Sonne Rotes, Blasses aufs Meer wirft, das wellenlos in seiner eigenen Schwere ruht — mit den beiden fernen Gavdosinseln, die das Morgenlicht anatmet — und muß dann mit dem ersten Morgenwind über die blanken, lockeren Kiesel ins Meer hineinlaufen zum Bad im Klaren, Unvermählten und Jungerschaffenen.

Ich hatte den schönsten Wahrblick auf die versunkene Stadt, als ich vom Meere aus schwimmend zurücksah zum Land. Da war die schroffsteile Felsenküste nach beiden Seiten hin, die noch nicht einmal einen Uferpfad gestattet, da wichen die Wände in der Mitte ein wenig zurück und gaben nur eine kleine Linse Land frei; darauf war rechts der Sandhügel von Tarrha und links der Hügel eines kleinen Kirchleins unterm gelbleuchtenden Venezianerkastell auf der Höhe — und gerade in der Mitte, von rotbrennenden Wänden gebildet, das Felsentor, der Eingang zur Schlucht.

Indem ich es sah, wußte ich, daß an ihrem Ende, nach Engem und Dunklem, der Offenbarungsblick war zum Silbergipfel des Melindau.

Es machte mir keine Mühe, nach dem wenigen, was ich von Tarrha gehört hatte, mich am Orte zurechtzufinden. Wenn irgend etwas, so konnte nur der Kirchhügel die Stelle sein, wo der Florentiner einst noch den Tempel Apollons sah. Denn schwimmend, sogar vom Meere aus, erkannte ich die Regelquadern, die in die Mauern des Kirchleins verbaut waren und die nie und nimmer auf seinem eigenen bescheidenen Verstande gewachsen sein konnten. Gestrigen Abends im Dunkeln hatte ich sie nicht mehr gesehen.

Als ich später hinaufging, fand ich den Hügel bedeckt mit klassischem Stein, Verstreutes und Fundamente am alten Ort. Im Vorhof standen einhundert Holzkästen mit summenden Bienen. Auch ein buntes Mosaik sah ich am Boden dicht bei der Kirche, zum Zeichen, daß noch in römischer Zeit hier gebaut und verehrt worden ist.

Nur das Steinhaupt der Artemis hätte ich vergeblich gesucht und auch den Stein mit der schönen griechischen Inschrift, den der Florentiner noch sah und der einst am Eingang des Tempels seine redende Statt gehabt haben mag: Wasche den Fuß, verhülle dein Haupt und tritt ein!

Die Stadt kann, für das, was wir Stadt nennen, nur winzig gewesen sein. Es ist gar kein Platz da für Größeres, auch wenn man die Stätte des heutigen Dorfes hinzunimmt, das sich weiter schluchteinwärts verzogen hat. Hier wie überall Griechenland: Kleines ist groß.

Ein Sandberg, ich weiß nicht, woher geschwemmt, ob vom Meere herauf, ob aus der Schlucht, bedeckt jetzt die Stelle, wo das meiste von Tarrha stand. Ein Junge aus Rumeli, der sich mir anheftete, wies mir, daß der Boden, wenn man ihn mit Steinen schlägt, in der Tiefe dumpf dröhnte, als ob unausgefüllte Räume da drunten wären.

Wenn ich Archäologe wäre: hier würde ich graben, mit Leidenschaft!
Am Rande der Felsen fängt sich die südliche Sonne. Nie kommt ein Hauch des Nordwinds hierher. Der Platz liegt im Anhauch von Afrika. Selbst jetzt im November ist hier am Morgen schon ziemliche Glut. In der schläft Rumeli seinen Bauern- und Hirtenschlaf. Schlimm sind sie hier dran. Felder haben sie nicht, nur Geröll. Herden haben sie kaum, denn die Wände sind überall steil. Nur Holz, das brannten sie früher zu Kohle, schafften es nach dem Piräus und bekamen dafür billiges Brot. Aber jetzt fehlen die Boote. Später, sagen sie alle, wollen sie auswandern von hier.
Das Dorf besitzt zwei steinerne Brücken. Sie fielen mir auf, denn sie waren neu, schön und fest, nach alter Art in einem Wegbogen übers Bachbett gewölbt. Beide waren offensichtlich erst jüngst zerstört. Ich hörte im Dorf, daß das Wasser im Oktober den Schaden gemacht, in einer Abendstunde: eine Sturzwelle mit Tatzengewalt.
Das ist der Gott dieser Schlucht, voll Drohung und würgender Kraft! Dieser Schlucht, die die Menschen des Ortes fast die Hälfte des Jahres gefangen hält im ehernen Griff.
Das ist noch der Apollon Homers, der sich im Gewühle der Schlacht naht wie die Schwärze der Nacht. Wie: der Sonnengott kommt als nächtliche Wolke? Der lockige Strahler einher wie die Nacht? Welch ein anderer Gott muß das gewesen sein als der lichte Jüngling vom Belvedere in Rom!

Der Gott zu Griechenlands großer Zeit, der delphische Gott, wird weder der Droher Homers noch der weiche Musengott vom Belvedere gewesen sein. Ich glaube aber, daß er wohl mehr vom Felsengotte von Tarrha besaß, als man glaubt.

DORF SAMARIA

Wer darf sagen, er kenne sich so, daß er wüßte, warum dieses und jenes sein Inneres anrührt? Anderswo, anderswann einmal Empfundenes summt immer mit in leisen, tiefen und hohen Tönen, von selber wie die Saiten eines Klaviers, wenn eine Geige im Zimmer erklingt. Wir sehen nicht Bilder, sondern Bilder hinter Bildern, wie in einem Spiegelsaale. Oftmals vermag, was zunächst und Wirklichkeit ist, durchscheinend zu werden, und es ist dann nicht eines für sich, sondern vieles in einem und vermählt sich, verschmilzt, gebiert manches aus sich und ist kaum noch mit Namen zu nennen. Ein Mensch, den man sieht, erinnert in einer Bewegung an andere, der Klang einer Stimme an eine Geliebte oder Gehaßte, ein Herbsttag an Hoffnungen, ein Duft an Erfüllungen. Das Gestern ist heute. Immer baut eines ins andere hinein. Je länger man webt an dem Tuche, das Leben heißt, und seinen seltsamen Mustern, desto reicher werden die Verknüpfungen, desto voller die Harmonien. Man erlebt mit mehrenden Jahren in mehrender Fülle.

Wie ich hier in Samaria stehe, so bin ich halb in Tirol, und die Zypressen, welche die Hänge hernieder steigen, steigen mir mitten ins Herz. Ich bin auch dort, wo sich die Kühle der Alpen mit Weinlaub und Mandeln zu schmücken beginnt und das Nördliche voller Verheißungen ist, wo die Takte der Eisenbahn schneller werden im klopfenden Drange nach Süden hinab. Aber ich bin auch da, wo ich nie

war, wovon ich nur oftmals geträumt; der Glanz vieler Träume liegt mir auf dem Tal, auf den Hängen und Gipfeln.
Hier sind es statt Tannen und Apfelbäumen, Zypressen und helle Oliven, Mandelbäume, Kakteen und Feigen, und ich weiß, daß die Schlucht hinabführt zum Südrand Europas, zum afrikanischen Meer, ins Glitzernde, Heiße. Die Luft ist stark und ist kühl, wie in der Heimat. Aber ein Apfelsinenbaum, hochgewachsen, steht bergwärts, übervoll goldener Bälle, umschwommen vom zartesten Himmelsblau.
Die Häuser liegen im Vormittagslicht, die zehn kleinen. Der Holzsteg führt übers tiefliegende Bachbett, drüben das Kirchlein, dicht unterm Fels, auf der Höhe noch einmal zwei. Das Tal ist so tief und eng, daß die Sonne nur wenig hereinkommt jetzt im November, aber in blauseidenen Streifen erfüllt sie die Feuchte der Schlucht, und das Leuchten der Gipfel bleibt immer bestehen. Armes kleines Samaria! Du liegst in deinem Tal wie in einer Falte beschlossen, aber es ist eine Herzensfalte der Welt und ein einfältiges Dasein. Du bist ein Ort, wo ich den Herzschlag der Erde vernehme. Hier bin ich daheim.
Ich zögere, dich zu beschreiben, denn ich muß fürchten, es stellt sich dann einer zu lieblich, zu reinlich und säuberlich vor. Der Platz vor dem Hause der Wiglis — es ist eigentlich nichts. Keine Hand hat jemals etwas zu seinem Schmuck getan. Es ist nur ein Laubendach von den Zweigen des Maulbeers, ein bißchen von Wein überklettert, mit Lücken von Himmelsblau. Dann die Feuerstelle im Freien, an

der Mutter Wiglis kocht, zwei Herde aus Lehm im gehäufelten Ring, darüber das Dach aus gewelltem Blech, ganz verrußt. Alles ist dürftig und alt. Im Viereck die kleine Umfriedung ist nur zusammengetragener Stein. Zu meinen Füßen im Schmutz liegen drei Schweinchen in Reih und in Glied, wie aus der Schachtel gefallen.
Es ist wirklich nicht viel; nur ein schlummernder Zauber. Ich besorg', ihn mit Worten zu wecken.

Was mich in diesen Tagen beseelte, ist vielleicht im Grunde dasselbe Wundergefühl und die große Lebenserregung, die die Griechen, die Dorer, zu ihrer Zeit nie verließ, da sie irgendwoher aus dem Norden kamen und eintauchten in die Welt des ewig flutenden Lichts. Es ist ein Etwas von jenem gesteigerten Daseinsgefühl, das sie zu dem vermocht hat, was sie der Menschheit gaben.
Dorisches Blut rollt auch jetzt noch hier, ich bin's überzeugt. Hier in den Tälern von Sfakia saßen sie fest und hielten sich zäh wie der alte Schnee in den Schründen.
Es sind dort die schönsten Menschen auf Kreta — die schönsten und die männlichsten in ganz Griechenland, die ich hier sehe. Ich denke an den wilden Rotbart, den wir mitten in der Klamm trafen: ein breiter Hüne, mit wasserhell-blauen Augen, lachenden Zähnen, im schwarzfransigen Kopftuch, lastenbepackt. Wie er geht, wie er spricht, wie er den Bart und die Haare trägt: es ist jeder sein eigenes Bild.

Es ist jeder der König seines eigenen Leibes und Blutes. Derlei schafft nur die Freiheit, die Zeit und das Erbe. Der Wuchs der Ölbäume und Steineichen auf dem trockenen, heißen und steinigen Boden könnte die Vorlage sein für solche Gesichter: unter Mühen langsam gewachsen.

Sie sind sich nicht einmal unter sich ähnlich, es steht ein jeder für sich. Nur die Tracht verbindet sie alle, die zäh an ihr halten. Es ist die allgemein kretische Tracht, aber hier wird sie am reinsten und knappsten getragen: das weißliche, wollene Strickhemd, das man im Winter und in der Sommerhitze auf der bloßen Haut trägt, einen Pullunder also, dann die blaue, gefältete Baumwollbluse, die selbstgewebt und bestickt ist, der kretische Hosenrock, dem unter den Hinteren ein Kissen eingenäht ist, das beim Gehen bis zu den Kniekehlen hinabhängt und beim Hinsetzen auf den kühlen Stein immer ein Polster bereithält. Um Kopf und Stirn das Schweißtuch mit Schwarzfransen, an den Enden der Fransenfäden kleine Knüpfknoten, eine kronenartige Zier. Ohrringe. Auf dem Maulesel der weite, gewalkte Ziegenhaarmantel, in einem Stück mit der Haube; er umgibt bei Schlechtwetter die Gestalt wie eine geschmiedete Aura. Ich vergesse den Stock nicht, der immer schön ist, dünn, spielerisch leicht, und am oberen Ende einen Schwinghelm aus Wurzelholz hat, mit dem man einen Bock an seinem Horne herbeizieht. So sehen sie aus, die kretischsten aller Kreter. Man würde ihnen schwer Unrecht tun, wenn man sagte, daß auch Viehdiebe unter ihnen seien — denn sie sind es alle. Viehdiebe, Freiheitskämpfer, Verschworene einer wie alle: Mädchenraub und Blutrache sind alt und gewohnt. Hier reichte die Justiz nicht hin, und keiner nimmt sie in Anspruch; sein Recht besorgt sich hier jeder allein und noch etwas dazu. List, Mut und verschlagene Kühnheit, Natursinn und Härte, ein Auge, dessen Schärfe sich manch einer kaum träumen läßt, Fanatismus und Grausamkeit, das sind ihre Waffen.

Es sind Männer, die nur Männliches treiben, wozu die Arbeit offenbar gar nicht gehört: Schießen, Jagen, mit Messern umgehen, Hirtenwesen, solange es sein muß — und Gastessen, Trinken und Nichtstun. Arbeiten sollen die Frauen.

Es ist eine eigene Ehre, die da so herrscht. Die Sitte ist streng, das Gastrecht heilig, unantastbar das Mädchentum und die Frau. Was aber vom übrigen irgendwo in der Welt verboten ist, das kümmert hier keinen. Keines Ansehen und Ehre ist hier geschmälert, wenn er stiehlt, raubt und tötet.

Es mutet meistens sehr dorisch an, wenn man's so hört. Das Mädchen mußte schon damals in Sparta geraubt werden. Der spartanische Junge durfte nicht nur, er sollte auch stehlen, etwas lernen muß jeder; gestraft wurde nur, wenn er nicht schlau genug dabei war. War da nicht der, der den Fuchs gestohlen hatte und es standhaft leugnete, bis ihm das Tier unterm Chiton die Brust zerbiß und das sickernde Blut ihn verriet?

Ich erinnere mich der Wiglisleute am liebsten, wie sie an den Abenden um den Feuerherd unterm Wellblechdach saßen. Bachrauschen, Bergstille, stundenweit niemand. Die Frauen spannen und strickten, die Männer taten nichts, wie schon den ganzen Tag über. Das Haupt der großen Familie, Vater Rusos, war vor zwei Jahren gestorben, so war Macht und Würde auf den ältesten der Söhne übergegangen. Der berühmte Theodori war das, der König der Weißen Berge, der Volksheld. Da er nicht zugegen war, war die Stellvertretung auf den zweiten übergegangen. Das war der Stavros. Der Stavros war soeben aus Chania zurückgekommen; es gab häufige Andeutungen der drei rauschhaften Tage und Nächte, die er dort in Tavernen und anderen Häusern zugebracht hatte. Auch hatte er sich neue Stiefel gekauft, enge und hohe Schaftstiefel; er behauptete, sie hätten anderthalb Millionen Drachmen gekostet, er sagte das fünfzig Mal am Tag, drehte unaufhörlich das Bein, ließ die Schwärze glänzen, man mußte auch häufig die Sohle bewundern, die mit funkelnden Nägeln, dicht bei dicht, bestückt war. Überhaupt war der Stavros prächtig gekleidet, ein Musterbild der farbenreichen kretischen Tracht, der feschesten, die ich je sah. Der Rock war sogar rückwärts in breite Falten plessiert. Unter den vielen faulen Helden von Samaria war der Stavros der faulste. Während die Frauen ununterbrochen in Bewegung waren, früh auf, die letzten zur Ruhe, niemals untätig, waren die Männer die Herren, die Nichtstuer. Der Stavros, Mitte Zwanzig, war ein prachtvolles Mannsbild und wußte das.

Der dritte der Wiglissöhne war der Janis, lang, hellblond. Er war Evzone gewesen, welche Auszeichnung, denn es ist die Elite- und Wachtruppe, und so war er vorm Schloß in Athen in der Opern-Uniform mit dem ruckhaften Hahnen- und Marionetten-Paradeschritt hin- und wiedergegangen. Er hatte auch in den heroischen Tagen des Jahres 1941 im Epirus gekämpft beim Überfall Mussolinis. Hochgerüstete Angreifer auf ein Volk, das mit Flinten aus den Freiheits-Kriegen bewaffnet war, und jene die jämmerlichen Verlierer. Mit dem Janis, der somit die Welt kannte, konnte man am vernünftigsten reden. Er war es auch, der uns als Hausherr und Talherr empfing, weil der Stavros aus Chania noch nicht zurück war. Er tat es mit Würde und Anstand. Ich bedauerte, daß er nach Ankunft des älteren Stavros in ein unbedeutendes Dasein zurückfiel, so wie der Stavros, nach Aussagen des Loisl, überhaupt gar nicht mehr vorhanden war, wenn der Theodori, das Haupt- und Trumpf-As der Familie, der Held, auftrat. Der Stavros, — o je! — meinte der Loisl, wenn der Theodori zur Tür hereinkommt, mit seinem Geschau wie ein Geier.

Der aufgehende Stern der Familie schien mir indessen der Jüngste zu sein, Giorgios, das fünfzehnte Kind. Es war derselbe, der uns auf dem Wege herunter begegnet war und der beim Namen des Loisl vor Freuden den Luftsprung gemacht. Er war wirklich ein bildhübscher Kerl, ein Junge von siebzehn, von außergewöhnlicher Rasse. Sein zartes Dreiecksgesicht mit dem dunklen Haar, das er langhin zur Schläfe gelockt trug, war eins von den Bauerngesichtern, die ohne weiteres erhöhbar sind; es hätte dem Bild eines edlen Jünglings aus der Zeit unserer Freiheitskriege angestanden. Er hatte brennende Augen, aus denen bei jeder seiner kurzen Anreden eine lachende Leidenschaft schoß. Aber die Brüder schalten ihn einen Vagabunden; was dies selbst im Munde der Leute von Samaria bedeutet, ließ sich nur ahnungsweise ermessen. Uns, das will heißen, dem Loisl, war er schwärmerisch zugetan.

Von den Schwestern der Wiglisbrüder war nur noch eine im Dorf und im Haus, es war die Kalliopi. Vielleicht war es ihretwegen, daß der Theodori noch unverheiratet war, denn die Sitte schreibt vor, daß der älteste Sohn nicht heiraten darf, bevor alle Schwestern versorgt sind. Dabei war die Kalliopi schön, etwas zu blaß vielleicht, wie es bei Dunkelhaarigen leicht ist, aber in ihrer Stille und Leissohligkeit war sie voll Reiz. Ein melancholischer Schatten lag über ihr, wie oft über Frauen in dieser Welt, in der Männer alles bedeuten, und die Mädchen behütet werden, so lang, bis sie als Frauen im Schatten die Lasten tragen.

Freilich, ihre ältere Schwester war schöner — sehr schön. Wir sahen sie erst am Sonntag, am Totenfest, als sie über die Berge ins Elternhaus kam, sechs Stunden zu Fuß, obgleich sie erst vor vier Wochen ein Kind gehabt hatte. Sie brachte es mit. Es stak in einem gewickelten Bündel, so wie ich's meiner Lebtage noch niemals gesehen, außer vielleicht auf alten Bildern: ein stocksteif gleichsam verlötetes Bündel, das aufrecht stand wie von selber, wenn es die Mutter mit einer Hand auf dem Schoß hielt. Es fühlte sich denn auch sichtlich nicht wohl in seiner Haut, seiner dicken; über sein Runzelgesicht liefen von Mal zu Mal gewittrige Schauer, wobei es veilchenblau anlief — sehr zum Jubel der andern. Ich sah nie, daß das Wesen einmal aus seinem Panzer befreit worden wäre. Wohl aber sahen wir oft das rührende Bild, wie seine schöne Mutter es stillte, was ja im Süden, bei sonst gebundenen Sitten, überall offen geschieht.

Von den vierzig Leuten, die in Samaria wohnten, lernten wir nach und nach, besonders abends, beim Feuerschein der Zypressenscheiter, fast alle kennen. Es waren lauter stattliche Menschen.

Der sanfte Evangeli kam oft und der schöne Jani von nebenan, der sich im Stande der Brautschaft befand mit einem übrigens bildschönen Mädchen von Rumeli. Mit seinem rahmenhaft knappen, kohlschwarzen Wochenbart und dem Jünglingsfeuer seiner blühenden Wangen sah er ungemein dekorativ aus und schien wie in steter Liebeserwartung unaufhörlich von innen zu glühen. Ich war sehr enttäuscht, daß er zu faul war, am Sonntag zu seinem schönen Mädchen hinunterzugehen. Dafür kam sein Schwager öfters herauf, ein älterer Mann, der ebenfalls, wie er ging und stand, einem alten Bilde entstiegen sein konnte. Mir machte es Eindruck, wie er sein Haar trug. In einem niemals gekämmten Schwall rollte die graubraune Wolle sich kräuselnd zur Stirne herein, darunter die kühnen Augen, ganz blau.

In meinem Gedächtnis findet sich auch noch einer, von dem ich nicht mehr recht weiß, wohin er gehörte und wie er hieß — wie mir denn überhaupt die Zusammen- und Auseinandergehörigkeit all dieser verschwägerten Menschen von Samaria und Rumeli viel Schwierigkeiten bereitete; ich konnte die unermüdlichen, aber nicht immer ganz klaren Sippschaftserklärungen Loisls, dem dies alles geläufig war, nur mühsam fassen und lehnte es ab, wenn er meine Kenntnis auch noch auf die zahlreichen Kinder, die überall wimmelten, ausdehnen wollte. Der mir halb und halb Entfallene zeichnete sich auch durch seine Haartracht aus. Er trug über den Kopf ein festgeflochtenes Netz, und aus dem wilden Barte stach einsam gepflegt, ein hochgezwirbelter Schnurrbart. So waren sie alle von nachdrücklicher Bildhaftigkeit, diese Männer des Tals, und ohne es groß zu wollen oder zu wissen, trug ihre Erscheinung den Prägestempel des Echten.

Schön war es, wenn die Frauen am Abend beim Feuer spannen. Da war die Maria, die junge Frau des Sifi vom Nachbarhaus. Auch sie war sehr schön, ein wenig zu dicklich für ihre zwanzig Jahre; aber dies war gerade ihr Ruhm. Mir gefiel mehr ihr Teint und ihre erstaunlichen Kuhaugen. Sie war nicht vom Dorf, sondern aus Lutra, mit dem Boot ein paar Stunden weit her. Erst einige Wochen verheiratet, konnte sie sich in die Einsamkeit des Tals noch nicht

finden; Lutra hatte vielleicht vierzig Häuser, Samaria bloß zehn. Sie hatte die Sehnsucht nach der großen Welt, und ich glaube, sie kam sich für Samaria zu schön und zu vornehm vor; wir fürchteten sehr für ihren Mann, den gutmütigen Sifi. Wenn sie so dasaß am Feuer, und die duftende Wolle, die lammweiße, mit ihren anmutig behenden Fingern aus der Kunkel zupfte, und mit dem kleinen Finger der anderen Hand den Wirtel tanzen ließ, wandte sie ein- und das andere Mal den Blick zum Himmel oder doch zum rauchgeschwärzten Wellblechdach hinauf und seufzte tief.
Jetzt denkt sie an Lutra, flüsterte mir bekümmert der Sifi ins Ohr.

Am meisten aber liebte ich die Mutter Wiglis. Jedermann mußte sie lieben. Sie besaß eine kleine, fast zierliche Gestalt, ja sie hatte geradezu etwas Vornehmes an sich. Mit ihren blauen Augen blickte sie einen klugen und guten, schweigenden Weiberblick, der alles sah und nichts dazu sagte. Sie hatte unter so vielen Söhnen das Schweigen gelernt. Im Altersfaltengesicht hatten sich zwei Grübchen gehalten. Sie trug das übliche Schwarz, das sie noch schlanker und feiner machte, und hunderte Male im Tag schlang sie von neuem das Tuch um Kopf, Mund und Kinn, das so gebunden wird, daß es den Mund bedeckt, und das Sprechen eigentlich unmöglich macht. Es ist eine Sitte, die die Gebundenheit der

Frauen verrät. Wenn ich sie ansprach, so mußte sie zum Antworten erst das Tuch vom Mund herabziehen, um es danach gleich wieder von neuem zu schlingen.

Ich habe sie unter Tags niemals sitzen sehen, sie arbeitete immer, den Tag und damals auch fast die ganze Nacht durch, die Siebzigjährige, denn das Fest für den Vater Rusos, das Jahrestotenfest, war vorzubereiten. Wenn sie zur Wasserrinne, zum gehöhlten Baumstamm am Berg ging mit dem tönernen Krug, ließ sie sich nicht einmal helfen, wenn sie ihn auf die Schulter hob. Währenddessen saßen die faulen Söhne, die dorischen Helden, und ruhten sich aus. Dafür durfte die Mutter dann auch, wie alle Frauen, nicht mit am Tische essen und saß auch des Abends am Feuer ein wenig seitab. Denn während die Männer tafeln, verharren die Frauen im dunklen Hintergrunde des Raumes und warten oder nehmen von der Hand in den Mund schnell das ihre, wie das Gesinde.

Fünfzehn Kindern hatte sie das Leben gegeben, und was für welchen! Gleich ihre Erstgeburt war ihr Preis- und ihr Meisterstück und ihr großer Erfolg: Theodori, der Große, der König der Weißen Berge, berühmt auf ganz Kreta, der Held mit den zweiundzwanzig Strafjahren, von denen er nicht ein einziges regelrecht abgesessen hatte, überall hochgefürchtet und hochgeehrt. Als ich ihr einmal beim Weggehen dankte für all ihre Mühe, schob sie das Tuch vom Munde hinweg und sagte: Nein, wir sind's, die euch danken!

Ihr uns — warum?
Nun, weil ihr uns liebt und gekommen seid und bei uns bleibt! Ich gab ihr einen Kuß auf die rosige Seidenwange, der guten, der Mutter des großen Herdenversammlers.
Als ich einmal des Nachts nicht schlafen konnte — denn wir schliefen nicht gut —, sei es, daß uns das Fleisch der Ziegen und Hammel nicht gut bekam, das wir spät abends noch aßen, sei es wegen der lichten Scharen von Flöhen, die uns befielen — ich will nicht reden von den unzählbaren Stichen um Hand- und Fußgelenke und die Gegend des Gürtels, denn dies sind die Weideplätze für die Kenner unter jenen Geschöpfen; aber ich haßte vor allem ihr langsam grimmendes Vorwärtsmarschieren nächtlicherweile die Arme und Beine hinauf — sei es wegen gelegentlichen Lärms in der Nacht, geheimnisvoll spannend, wenn plötzlich Leben vorm Haus war, der Köter anschlug und quietschte, weil er Tritte erhielt, jemand kam, jemand ging, der Jani wurde gerufen mit unterdrückter Stimme oder der kleine Giorgi, und morgens war dann auf einmal keiner mehr da — und dann doch wieder da und gab auf Befragen nur flüchtig an: Schafe! Viel Arbeit! — kurzum, ich schlief nicht sehr gut.
Da stand ich denn einmal auf in der Nacht von meinem hochaufgebockten Brettergefüge mit der Ziegenwolldecke, die steif war und schwer wie das Dach einer Gruft, stand auf und schlich mich am Jani, Stavros und am Giorgi vorbei, die im Gewühl ihrer Decken am Boden lagen, und trat aus der Fenster-

tür aufs Flachdach des Vorbaus hinaus ins Freie, in die Nacht, die Bergwelt, die Sterne, die Zypressen, die den engen Talgrund feierlich machten, in Gruppen bergan stiegen wie Tänzer. Vom Hofe kam Herdfeuerschein. Es konnte zwei oder drei Uhr sein, etwa fünf Stunden vor Tag, der Orion stand hoch mit brennenden Sternen und war schon über den Zenit hinaus.
Ich ging ins Freie bis vor an den Rand des Daches. Da saßen unten im Hof die Weiber am Herd, an der Flackerglut. Auf dem Feuer kochte irgend etwas, die Alte schälte und briet. Es war eine der Nächte vor dem Totenfeste des alten Wiglis.
Auf dem Mauerrande nahe am Herd kauerte die Kalliopi mit angezogenen Knien im Schwarz ihres dünnen Gewandes. Sie streckte die Arme gegen die Glut, wobei sie die Hände langsam drehte und wand. Kein Wort, nur das Knacken der brennenden Scheiter. Jetzt schwiegen die Menschen, nun kamen die Dinge zu Wort. Knistern und Prasseln.
Mägdenächte, mußte ich denken, und suchte zugleich einer Erinnerung nach, die ich nicht fand, etwas wie nächtliche Weiberklagen am Hof von Mykenai oder drüben auf Ithaka in Odysseus' Palast während der Feste der Freier.
Lange stand ich und grübelte dieser Flattererinnerung nach, ohne sie zu erjagen. Ich sah, wie der rote Schein auf die schwarzen Gestalten da drunten fiel. Da wandte das Mädchen, als ob sie die lautlose Nähe eines anderen spüre, ihr Antlitz spähend nach oben, mir zu, in die Nacht. Das weiße Oval war voll Aus-

druck der Klage, wohl nicht nur im Gedenken des Vaters. Mir schien, als vernähme ich in dieser Stunde der Nacht das Lied ihres Loses, des Schattenschicksals der Frau, das noch immer dasselbe ist, das es im alten Griechenland war, einer verhaltenen Klage, die sich selber nicht kannte, eines tausendjährigen Liedes, eines müden, dunklen Gesanges.

Die Beliebtheit unseres Loisl in diesem Kreise war unerhört. Er war völlig einer der ihren, sie nahmen ihn auf wie den heimkehrenden Sohn. O Loisos, o Loisos im ganzen Dorf, in Samaria wie in Rumeli. So war es und blieb es die ganzen Tage hindurch. Es war ein Segen, daß er mir in Chania über den Weg gelaufen war, das sah ich jetzt erst. Die urigen Seelen hatten sich hier gefunden, die aus dem Passauischen und die aus dem Kreise von Sfakia, und die rauschigen Seelen dazu. Die Ströme ihres Einverständnisses waren unterirdischer Art, sie teilten sich untereinander auf eine geheime Weise mit. Wie wäre es sonst möglich gewesen, daß etwa der Loisl auf dem Wege zum Wiglis-Haus in einen Hof hineinrief: Jani, in ara Viertelstund kimmst amal füri! — und Jani kam.
Sie konnten sich stundenlang unterhalten, der Niederbayer und die kretischen Bauern, sie verstanden sich immer. Viel Griechisch konnte der Loisl wahrhaftig nicht; ego nix kalo kefali! ich hab keinen guten Kopf, beteuerte er des öfteren selbst. Die Ge-

spräche gingen meist in einem Rotwelsch vonstatten, bei dem man sich auf halbem Wege entgegenkommt. Es ist ein merkwürdiges Griechisch, was die Griechen dann sprechen; ich kam damit weit weniger zurecht, als wenn sie ihr richtiges redeten. Es sind die seltsamsten Worte dabei, die weder griechisch noch deutsch, sondern allen möglichen Zungen der Erde entlehnt sind, wie das »parti«, das ebenso heißen kann: ich will jetzt wieder gehen, als: schau, daß du fortkommst. Oder das unerfindliche »looky-looky«, das heißen kann: geh und schau nach! oder: ich habe beobachtet, oder: wir haben uns doch schon einmal gesehen. Oder das schauerliche »kaputt« für das Sterben, auch im andächtigsten Sinne, für »dahingegangen«. Hier liegt auf beiden Seiten der Glaube zugrunde, daß es sich bei diesen Wortungeheuern um reinstes Sprachgut der anderen handle.

Loisl und die Samarianer hatten diese Behelfssprache für ihren persönlichen Bedarf noch um vieles erweitert und ganz neue Worte, wie Alleluja für Hochzeit, Braut und Verlobung hinzugefügt. Das meiste aber, wie gesagt, tat das instinktive Verstehen, das jenseits der Sprache liegt, und für welches Worte nur einen Umweg bedeuten. Ich merkte das auch besonders, wenn sie sich über etwas verständigten, das der eine oder der andere irgendwo in der Ferne sah, eine Ziege, die hoch droben an einer Felswand regungslos stand, oder wenn sie sich über Wege einigten. Dann genügten ein Brummen oder ein Bedeuten mit aufgeworfenem Kinn, und sie waren sich klar. Jeder nicht in der Natur aufgewachsene Mensch ist dagegen ganz arg im Nachteil und böse verarmt.

Von den Tagen des zoologischen Hochlagers schrieb sich auch die Bekanntschaft des Loisl mit dem großen Theodori her, von dem ich auf Kreta schon manches gehört hatte, so daß ich ordentlich darauf aus war, ihn kennenzulernen. Aber er ließ sich nicht blicken. Er war in den Bergen.

In den Bergen: das ist auf Kreta ein fester Begriff. In den Bergen, das heißt, er ist weg: es kann sein bei der Herde, es kann sein flüchtig vor dem Zugriff irgendeiner Behörde. Das Gebirge verschlingt Tausende wie nichts. Sie leben dann von Erjagtem, vom Raub aus den Dörfern, von gestohlenem Vieh, das sie sich aus Herden holen wie einen Tribut. Sie hausen in Höhlen und Schründen, sie kennen die Wege und kennen die Quellen, und wenn ein Fremder das Gebiet auch nur betritt, noch stundenweit ferne, so ist er längst schon erspäht und gemeldet. Es holt sie im Steigen ja doch keiner ein. Es ist die tausendjährige Tradition der Verfolgten.

Vom Theodori hieß es, er sei bei den Herden. So war es wohl auch, denn flüchtig zu sein hatte er keinen Grund. Von den zweiundzwanzig Jahren, zu denen er aus verschiedenen Ursachen verdonnert war, war behördlicherseits offenbar kaum noch die Rede. Aber es war wohl sein persönlicher Stil, da und dort und im ganzen verschwunden zu sein.

Sie wußten wohl alle im Dorf, wo er jeweilig steckte, aber ein ungeschriebenes Gesetz schrieb in Sa-

maria vor, vom Theodori nicht weiter zu sprechen. Einmal behauptete Loisl jedoch, es zu wissen und zog plötzlich und hitzig los, mit dem jungen Giorgi und dem Evangeli als Führer. Denn er wollte ihn unbedingt sehen, seinen Freund, mit dem er einst Wangenküsse getauscht, im Sommer beim Abschied aus Samaria. Du weißt ja wohl, was das heißt bei den Griechen! sagte er und sah mich bedeutungsvoll an: Unauflösliche Freundschaft! Dabei hätten sie beide, der Theodori wie er, »gwoant wie die kleinen Kindern«. Aber selbst für den unauflöslichen Freund blieb der Theodori unerreichbar. Nach fünf Stunden kamen sie alle drei wieder zurück, ziemlich abgehetzt, hatten ihn da und dort gesucht und nirgends gefunden.
So blieb er für mich im Nimbus, Theodori der Große, und das war ja wohl auch für ihn das Gemäße. Oder sollte er nicht von einem Nimbus umgeben sein, der vor Jahren von der Uferstraße in Chania weg am hellichten Tage die Tochter des Präfekten geraubt, wovon die Insel immer noch sprach? Ich hatte sie einmal kennengelernt, es war jetzt eine fahle Blondine. Seinerzeit war sie ein Schulmädchen gewesen von sechzehn. Theodori, der für das Extravagante ist und deshalb, wenn er nach Chania kam, eine Wildziege am Strick über die Promenade zu führen beliebte, sah sie und war in plötzlicher Liebe entbrannt. Er hatte nie vordem etwas derart verspürt, sagte er selbst. Da blieb nur Raub von der Stelle weg. Weiß Gott, wie es im einzelnen vor sich gegangen sein mag, die Sache schien schon

gelungen zu sein, das Auto mit der Entführten war schon unterwegs auf der Straße nach Sfakia — da gelang es ihr doch irgendwie, noch zu entwischen. Jedenfalls war das mutige Mädchen am anderen Morgen in der Schule wie immer. Es war wohl sein größter Mißerfolg.

Ich sah eine Photographie von ihm in Samaria. Es war ein Familienbild, und alle saßen in kretischer Tracht. Nur er, der älteste Bruder, der Große, trug städtische Kleidung, halbelegant, Straßenschuhe und Hut. Er hatte die Beine lässig übereinander und trug auf dem Schoße ein Wildzicklein. Er, der kretischste aller Kreter, verachtet nämlich die alten Sitten und will das Moderne, den Fortschritt der Zeit. Er ist ein Querkopf, um jeden Preis.

Der König der Weißen Berge und Verächter kretischer Sitten — wahrscheinlich weiß er es selber nicht, wie sehr er von kretischer Sitte gebunden ist. Zeitlebens wollte er hoch hinaus, ein Haus sollte gebaut werden in Samaria, groß wie die Häuser in Chania sind, nicht nur wie jetzt, eine Steinhütte mit flachem Dach. Schließlich: dreitausend Pfund Honig im Jahr, wie man sagt, und eine Herde von sieben- oder achthundert Schafen, die im Frühjahr Milch geben, Käse, Fleisch, Wolle, Leder: es müßte wohl etwas zu machen sein. Er wollte den Fortschritt.

Aber da sind die Brüder. Er ist mit allen zerstritten. Er will etwas schaffen, sie wollen die Ruhe, ihr dämmerndes Nichtstun. Nach Chania geht er nicht selber, so schickt er die Brüder, sie müssen verkaufen. Die bleiben erst ein paar Tage dort, spielen die Herren und streuen das Geld aus. Er soll sie verjagen, die Drohnen, das kann er nicht. Es sind eben doch Brüder. Es ist die Familie; er ist mit Ketten an sie gebunden, und sie ist es an ihn. So bleibt alles beim alten.

Jetzt, da er schon eine Reihe von Jahren tot ist, früh umgekommen, ist sein Traum in Erfüllung gegangen. Zwar, ein städtisches Haus steht in Samaria nicht, das wohl nicht, aber der Staat hat den Wiglis, deren Häuser zerstört und verbrannt waren und die wegzogen, das ganze Tal abgekauft, Millionen Drachmen, nennt es Naturschutzpark, Hebung des Fremdenverkehrs, und ein Sickerstrom von Reisenden läßt sich auf der neuen Straße auf den Omalos fahren, dort gibt es jetzt zwei Tavernen, von da aus geht man, bequem und gefahrlos, die Xyloskala hinab, durch die Klamm zum Meer, dort wird man von einem Boot aufgenommen und zur Autostraße nach Chora Sfakion gebracht. Welcher Fortschritt!

Keiner von uns besaß eine Uhr in diesen samarianischen Tagen. Im Dorf hatte auch keiner eine. Pori na ine ... sprechen sie, wenn jemand nach der Tageszeit fragt: es könnte jetzt sein — und schauen nach den beschienenen Gipfeln. Die Schätzung war stets nur sehr ungefähr.

Ich habe auch Zeit meines Dortseins niemals herausbringen können, nach welchem Tagesplane sie eigentlich essen. Ein Frühstück kennen sie nicht.

Irgendwann im Laufe des Morgens, so gegen zehn, ließen Anstalten der Wiglismutter auf Kommendes schließen. Es war dann sogleich eine Art Mittagbrot, gebratenes Ziegenfleisch, Käse mit Honig, gebackene Küchlein, in Honig getunkt.
Zuweilen hatten wir Hunger, zuweilen kamen wir auch in Verlegenheit, das reichliche Essen unterzubringen. Da sollten wir plötzlich zum Evangeli kommen, zu irgendeiner rätselhaften Stunde des Tages, zu reichlichem Essen, dann wieder zum Sifi von nebenan oder zum bildschönen Jani, dem von Liebe Erglühten. Leider war alles am selben Tag. Gegeben wird immer das letzte. Einzuteilen ist der griechischen Seele im tiefsten verhaßt. Solange etwas da ist, wird überreichlich genommen, gegeben.
Wenn es dann fehlt, wird klaglos gewartet, bis es irgendwoher wieder nachwächst.
Gastgeben ist ihnen eben das Höchste. Es gehört zu den großen Freuden und es bringt Welt ein. Gastgeben ist Welt-Erzählung; es liegt ihm die erfahrene Wahrheit zu Grunde, eine der vielen erfahrenen Wahrheiten, die nicht mehr sein sollen, daß Welt, vorgestellt und erinnert, erzählte Welt, Traum von Weltferne das eigentlich Glanzvolle ist. Das Einschlampen von Welt-Mengen, wie es jetzt ist, Quantitäten, die niemand bewältigen kann, — ob es wirklich ein Reichtum ist?
Honig aber gab es zu jeder Zeit. Wann immer vom Essen die Rede sein konnte, stand ein Suppenteller voll goldbraunen Honigs inmitten des Tisches, randvoll gefüllt, und jedesmal wurde er gänzlich geleert.

Sie aßen ihn löffelweise, sie wälzten Stücke des harten Käses darin zu bernsteinernen Klumpen, an die blecherne Gabel gespießt. Sie tauchten Stücke trokkenen Brotes in das zähtropfende Gold, und am besten war ein Gemisch aus Honig und Topfen, das jeder an seinem besonderen Schürfort des gemeinsamen Tellers erzielt.

Es ist der beste Honig der Welt, berühmt auf ganz Kreta. Er duftet nach Sonne und tausend Blumen der Berge. Die Völker stehen stundenweit droben im Hochgebirge, in schlechten Holzkisten, die von den Gluten der Sommer und vom Winterschnee beinweiß gebleicht sind.

Einmal kam ich dazu, wie solch ein Teller zu Mittag gefüllt wurde. Die Kalliopi schöpfte dabei aus einem minoischen Tonfaß, das beinah so groß und so hoch wie sie selber war. Wahrhaftig, es war randvoll gefüllt mit dem kretischen Gold.

Wenn im Frühjahr die Schafe und Ziegen nach dem Wurf eine Zeitlang gemolken wurden, floß hier in Samaria Milch und Honig nach biblischer Weise.

Milch und Honig — aber Brot gab es nicht.

Brot, wie sollte es das in Samaria geben, an Felder war nicht zu denken. So konnten wir zwar dies und das von den Wiglis annehmen, aber Brot nicht. Wir mußten im Gegenteil daran denken, ihnen Brot zu verschaffen. Unser mitgebrachtes war aufgebraucht, wir waren länger geblieben, als wir vorgehabt hatten. Der kleine Janis vom Nachbarn, dreizehnjährig, von Muskeln dick und treuherzig, fand sich bereit, die vielen Stunden und achthundert Meter auf den Omalos hinaufzugehen, um aus dem Türkenturm Brot zu holen. Wir gaben ihm einen bleistiftgekritzelten Brief an den Oberfeldwebel mit, das war zehn Uhr, und um 4 Uhr nachmittags war er schon wieder zurück, fünf große Brote im Sack, ganz erhitzt und nach Schweiß duftend. Ich hatte vergessen, nach droben zu schreiben, man solle ihm was zu essen geben. Da hatte er sich von einem der Laibe ein Stück abgeschnitten und es gegessen, aber nur wenig. Aber der Oberfeldwebel vom Türkenturm schickte uns einen Brief mit, in welchem dies und das stand und daß er uns gern mit Brot aushelfen wolle. Aber wenn wir wieder einmal jemanden heraufschickten, so brauchte es nicht gerad wieder dieser kleine Hühnerdieb zu sein.

Was, Hühnerdieb?

Da hatte der goldtreue Janis versucht, droben zwei Hühner mitgehen zu lassen.

So war's mit dem kleinen Janis, so war es mit allen. Die Sympathischen unter den Samarianern und denen von Hagia Rumeli, die Prachtvollen, Exemplarischen, Schönen, ihr Holz war am meisten gekerbt. Ich täuschte mich auch im anderen Jani, dem Mann von der dicken Maria. Er hatte ein gelbes und strenges Gesicht mit finsteren Falten, und als er am ersten Abend zum Feuer trat, meinte ich seitwärts zum Loisl, dem traue ich allerhand zu.

Loisl, der Kenner von Samaria, schwieg. Er sah nachdenklich in die beflackerte Runde und sprach: Alle wie sie da sitzen und wie's d'es da siegst, so haben's auch schon in Chania gesessen, wegen dem oder dem. Grad bloß der Jani ist harmlos. Ein grundguter Bursch.

Auch des Bürgermeisters von Samaria und Rumeli wäre in diesem Zusammenhang zu gedenken. Er war ein stattlicher, aufrechter Mann, auch seine Frau war recht hübsch. Die Kinder wurden streng erzogen, jeder sah gleich, es herrschte Zucht und Ordnung im Hause.

Aber der Ehrenmann war nicht lange zuvor den Dörfern schwer zum Schaden geworden. Die schwerbedrängten Gemeinden waren mit einer größeren Zuwendung von Getreide, Reis und Bohnen bedacht. Der Bürgermeister von Rumeli nahm die Sachen in Chania in Empfang.

Aber als er sich im Besitz dieser Dinge befand, sah er ein, daß er ja ein Narr wäre, wenn er dies alles drei Tage weit über die Berge nach Hause schaffen wollte. Er verkaufte es ohne zu zögern und behielt die Drachmen für sich. Als es dann aufkam, kostete es ihn zwar die Bürgermeisterei, aber, wie es schien, durchaus nicht das Ansehn in Rumeli.

Wir hatten Glück, daß in unsere samarianischen Tage das Totenfest für den alten Wiglis fiel.

Als ich eines Abends beim Feuer erzählte, ich habe drunten im Kirchlein von Rumeli ein Altarblatt mit dem Stifternamen Ruso Wiglis gesehen: wer denn das sei, da schlug die Alte die Hände vor das Gesicht, und über die rosa gespannte Haut ihrer Wänglein rannen Bäche von Tränen. In diesen Tagen, sagten die anderen, sei der Vater zwei Jahre tot, und am Sonntag feiere man sein Fest, seines und zweier anderer Samarianer; wir möchten doch bleiben. Der Kreter wird drei, sechs und neun Monate nach seinem Ende und am ersten und zweiten Jahrestag noch einmal mit einer Feier bedacht.

Deswegen also war der Stavros in Chania gewesen, beladen mit Honig. Er hatte fürs Totenfest eingekauft. Mutter Wiglis schlief überhaupt nicht mehr. Zwei Nächte schaffte sie gänzlich am Herde hindurch. Sie hatte so mächtig zu tun, daß sie am Sonntag nicht einmal mitgehen konnte zur Kirche, wo sie doch eigentlich Hauptperson war. Gäste gab es genug. Viele rückten am Samstag aus Rumeli an, dazu Verwandtschaft von weither und auch der Priester, so daß wir uns fragten, wo eigentlich alle in den zehn Häuschen von Samaria übernachten wollten. Außer uns machte sich darum niemand Sorge.

Das Morgenlicht des Tages fiel auf die Felsen der Schlucht, als wir drüben am Kirchweg jenseits des Bachbettes das scheppernde Geläut einer Herde vernahmen, die da vorbeigejagt wurde. Als das Geklingel — lachend und bunt wie eine Wiese voll Blumen — nach einer Weile zum zweiten und dann zum dritten Male erscholl, begriffen wir erst, daß dies der Kirchenruf war: viele Glocken statt einer.

Das Kirchlein lag unter den Felsen geschoben auf einem grasgrünen Bühl. Es war ein sehr sauberes Kirchlein, unter der weißen Eierschale des Wölbdaches verkroch es sich ganz.

Die Sonnenfahnen des Morgens hingen im Tal. Als wir hinüber kamen, war schon die heilige Handlung im Gang. Der kleine Kapellenraum glühte im Lichtgewimmel vieler steckendünn wächserner Kerzlein. Auch wir bekamen gleich welche, entzündeten sie und klebten sie wie die anderen irgendwohin: an den eisernen Kerzenständer, an die Altarschranke oder einfach mit einem Fingerdruck an die Wand. Der kleine Raum war zur Hälfte besetzt mit Tischen auf denen drei silberne Teller prangten, gefüllt mit einem Gemenge aus gequollenem Korn, Sesam, Nüssen, Rosinen — siebenerlei wie wir hörten, und verziert mit den Namenszeichen der Toten. Demetergaben wie einst und Sinnbild des Korns in der Erde, das wiederersteht.

Hinter der Altarschranke waltete der Papas, gewandet in gelbliches Weiß und hochgemützt, im grauen Gewirr seines Haares und Bartes über roten Bauernbacken. Er ging ab und zu, trat aus den Türen der Schranke etwas mürrisch, gebückt vor Alter und glich mit seiner schmalgläserigen Brille mehr einem Wunderdoktor für Mensch oder Tier, der sich zu wichtigem Eingriff geheimnisvoll rüstet. Er war acht Stunden weit über die Berge gekommen.

Über die Brille hinweg sah er uns, als wir kamen, abwartend an, bis er begriff, wir gehörten zur Feier. Indes sang der Diakon die Liturgie. Es war ein Junge aus Hagia Rumeli, und er sang ohne Spur von Begabung zum Singen, auch lesen konnte er nur mühsam im großen Buch.

Alles verblieb mehr im Ungefähren. Die Männer

traten in die Kapelle, steckten ein Lichtlein an und gingen dann wieder hinaus, hockten bei den Gräbern und rauchten. Das Kirchlein war wie ein Bienenhaus. Die Frauen weinten, als wir ihnen die Hände gaben, zuweilen aber fielen sie auch ins Gespräch und plauderten lauter, als der Diakon sang. Der geriet denn auch einmal ganz aus dem Konzept. Der wacklige Sang kam ins Stocken, er fuhr mit dem Finger auf dem Blatte umher, dann tat er die Hände aufs Buch, sah fröhlich im Kreis und verkündete laut: Jetzt kann ich nicht mehr weiter.
Alles lachte vergnügt. Ärgervoll kam der Papas aus seinem Gehege, stieß ihn in die Seite und brachte ihn wie ein zorniger Singlehrer wieder auf Trab. So ging es drei Stunden. Ich erlaubte mir dazwischen einen Morgengang zu den Oliven hinauf.
Doch kam ich zurecht, als der Priester auf einmal den Sang unterbrach, es war nicht die Mitte und nicht der Schluß, und eine zornige Rede einschob gegen den Diebstahl von Honig und Vieh. Er polterte mächtig und schlug mit der Faust auf das Holz des Altars. Es war wohl nur so im allgemeinen gedacht und der feste Bestandteil einer jeden kirchlichen Feier im Kreise von Sfakia. Die Gemeinde war weder beschämt noch betroffen; da alles erfreut zu sein schien über die kräftigen Worte, konnte man sich nur wundern, wer die vielen Schafe und Ziegen eigentlich stahl. Dann ging es weiter im Sang zu Ehren der Toten. Am Ende aßen alle vom Fruchtgemenge, traten zum Priester hin, küßten ihm die Hände oder verneigten sich vor ihm.

Nun Schluß mit den Tränen! Der Priester sprach: Elate pai! und schritt wacker voran übern Holzsteg zum Schmaus.

Er fand nacheinander in allen drei Häusern der Trauer statt. Den schlechten Zeiten war aufgekündigt für diesen Tag, die Familien gaben ihr Letztes. Die Kalojeraki kamen als Erste. Der Schwarm der Männer brach ein ins dämmerige Haus. Da der Steinbau kein Fenster besaß, konnte ich anfangs gar nichts erkennen. Dann aber erblickte ich einen Tisch, fast so lang wie der Raum, Bretter auf Böcken und ganz besetzt mit vierzig oder fünfzig Schüsseln verschiedener Speisen. Ehrenplätze für den Papas und für uns blieben frei. Da kam er, ohne Ornat, ein Bauer wie die anderen auch, grausträhnig, in großen schlappenden Lammfellschuhen, den kretischen Ziegenhaarwollsack am Rücken: ein Eumaios unter Eumaien. So bringt doch ein Licht! schrien ein paar. Zwei blecherne Schälchen mit Öl und hängendem Wolldocht wurden gebracht. Noch setzte sich keiner, das Mahl mußte erst geweiht werden. Irgendwer reichte den qualmenden Weihrauch, es war eine alte Konservendose für Fisch am Drahtstiel. Der Priester gab murmelnd den Segen. Dann setzten sich alle. Es gab Küchlein in Honig und Öl gebacken, Gerste gekocht und in duftende Blätter gewickelt, Reis mit Hühnerfleisch, weiße Bohnen in Öl, Linsen, Schnecken, Eierkuchen mit Topfen und Honig dazu, in schwimmendem Öl gesottene Kartoffeln, gebratenen Kürbis, Melitsanes, Teller voll Honig, Teller voll Käse.

Ein jeder nahm eine Gabel, wer keine fand, schrie laut danach, und ein jeder stieß sie dann dorthin, wo es ihm gut schien, bald hier und bald da, bald sauer, bald süß. Es war eigentlich überall gut. Gesprochen wurde nicht viel, obgleich es als ausgemacht gelten kann, daß das beste Essen nur gut ist, wenn es gute Reden begleiten. So begann ich eine Unterhaltung mit dem kirchlichen Mann. Er war freundlich, aber ich sah doch, ich störte.

So ging es durch alle drei Häuser hindurch. Im zweiten fand sich gebratenes Ziegenfleisch im Aufzug der Teller. Es war aber Fastenzeit, vierzig Tage hindurch, das hieß, daß Fleisch nicht erlaubt war.

Das Essen war schon eine Weile im Gang, als der Priester es sah. Sogleich begann er zu schelten, mit Achtung zu sagen: er maulte gewaltig in seinen Haarwald hinein. Alles lauschte erheitert.

In diesem Augenblick stand hinter ihm der Sohn dieses Hauses, ein Junge mit einer Kanne voll Wein, aus der er die Gläser des Tisches, es kam jeweils eines auf vier oder fünf Gäste, immer von neuem füllte.

Mit heller Stimme rief er dem zornigen Priester das Zauberwort zu, mit dem man in jenen Jahren alles Mißlingen übersprang.

»Den pirasi polemos«, macht nichts, s'ist ja Krieg.

Alles jubelte. Auch der Priester lachte und stieß die Gabel ins Fleisch.

Griechenland unserer Zeit: da hatte ich dich wieder. Das Gastmahl von einst ist nur noch ein Bauernessen, die Anmutsgespräche von einst sind ver-

stummt, der Weinschenk ist nur noch ein Bub aus den Bergen. So ist alles ein wenig heruntergekommen — und doch: es ist da. Ein Knabe steht im Licht einer Tür, der Umriß des Kopfes ist kühn und voll Ausdruck, er hat einen Weinkrug in Händen, steht hinter den Gästen, schenkt ein, und ungefragt wirft er ein Wort in die Runde, das alle erheitert.
Unter der Asche ein Funke.
Mir ist er lieber, der glimmende Funke, als manches gestellte Vollkommenheitsbild der Antike.

Der Papas hob die Tafel auf, er war etwas eilig. Die Fischdose voll Weihrauch am Drahtstiel vor sich, zog er voran ins nächste der Häuser.
Erst jetzt ließ sich der Vogelschwarm schwätzender Weiber an den halbleeren Tischen nieder zum Schmaus.
Es war noch nicht elf Uhr, als der Priester sich vom letzten der Tische erhob. Er segnete alle, auch uns, und wünschte uns glückliche Heimkehr ins Vaterland. Der Stavros zählte ihm hunderttausend Drachmen auf, er sah halb mürrisch, halb interessiert auf die Scheine, zuckte die Achseln, machte eh! und steckte sie ein. Dann zog er des Weges mit dem Wanderstock, das volle Bündel am Rücken, stapfend in unförmigen schlappenden Schuhen, acht Stunden über die Berge und nach Essen und Wein jetzt schon vom Schweiße beperlt unterm wolligen Grauhaar.

Die anderen blieben noch, saßen vor den Häusern, streckten sich auf den Stühlen in der Sonne oder gingen nach und nach weg, truppweise, über den Holzsteg zur Schlucht: die bildschönen Leute von Rumeli, die blonden Dunkelmänner, die prachtvollen Zwielicht-Dorer — nach Hause.

Es ist nicht leicht zu sagen, worin der Zauber der Tal-Falte von Samaria lag. Es sprach mit, daß Samaria damals nicht leicht zu erreichen und außer der Welt war, dazu die damaligen Umstände. Das ist jetzt anders geworden. Aber das Welt-Wunderbare wird durch Leicht-Erreichbarkeit nicht, wie man dachte, erhöht, abgebaut wird es. Das ist eine Wahrheit, welche der Neuzeit in den Kern und an die Substanz geht; deswegen wird sie unterdrückt, weggelogen.

Jetzt sind die acht oder zehn Häuser zerstört, verbrannt und verlassen. Es ist also Vergangenheit, wovon ich erzähle.

Auch für uns war es jetzt Zeit, Samaria zu verlassen; ich gab unsere Absicht abends am Feuer bekannt. Ich sagte, daß wir hinauf zum Omalos wollten und von dort durch eine andere Berglücke nach dem Selino hinüber.

Alles schwieg. Es war, wie mir vorkam, eine betretene Stille. Nach einer Weile erhob sich der Janis, der drittälteste der Wiglis-Brüder, legte mir die Hand auf die Schulter und sagte, ich solle mitkommen.

Was wir da vorhätten, setzte er mir auseinander, das gehe nicht.
Ja, was solle denn nicht gehen?
Daß wir da hinauf zum Omalos gingen, und überhaupt hinüber ins Selino nicht.
Ich erwiderte, aber wir müßten doch schließlich einmal wieder nach Chania, nach Haus; wir seien doch nun lange genug ihre Gäste gewesen.
Ja, aber es gehe durchaus nicht.
Ich merkte, es stimmte was nicht.
Noch während ich mit dem Janis sprach, kam von der Seite der Alois und fragte, was überhaupt los sei. Ich möge doch mit dem kleinen Giorgios reden, der wolle was, aber er verstehe nicht, was eigentlich.
»Was ham denn die?« meinte er, und der Giorgios habe ihn am Arm auf die Seite gezerrt und soo habe er ihn gebittet, mit zusammenschlagenden Händen, wie Kinder bitten, nicht den Weg über die Berge zu gehn.
Das war gut. Es gab überhaupt keinen anderen. Wir waren doch keine Gefangenen, und einmal mußten wir doch ein Ende machen. Da nahm sich ja die Unruhe in den vergangenen Nächten, das Kommen und Gehen, das wir im Halbschlaf gehört hatten, auf einmal wunderlich aus.
Was also? Morgen früh Aufbruch; ich stellte die Sache als bedauerlich aber unabänderlich hin. Somit gingen wir schlafen.
Am anderen Morgen ergab sich: Man hatte in der Nacht den Giorgios durch die Klamm nach Hagia Rumeli hinunter geschickt. Von dort aus rückte früh

der Bürgermeister an, mit einem Maultier. Warum der? Ich weiß es bis heut nicht. Der also, dann der Janis, der kleine Giorgios und wir drei. So nahmen wir Abschied von allen, Umarmungen, Wangenküsse, gutes Wiedersehen, kali patrida und auf ging's.

Der Bergpfad zum Omalos hinauf geht drei oder vier Stunden, wer mißt das. Er läuft auf der rechten Hangseite der Talschlucht; tief drunten der Bergbach auf der gegenüberliegenden Hangseite Felswände. Wir wußten, dort mußten Partisanen Bergstellungen haben, und daß wir die ganze Zeit über leichtes Ziel waren. Doch muß ich, wenngleich mir's nicht leichtfällt, aussprechen: daß in Zeiten, wie jenen, der Preis des Lebens unheimlich abfällt, auch des eigenen. Wer hätte auch damals geglaubt, daß er aus dem Völkermord heil herauskomme.

Der heiße Novembertag ist mir über die Jahre hin nah. Noch immer, zuweilen, wenn im Traum oder Halbschlaf aus dem Vorrat begangener Wege der und jener sich einstellt, vortritt, mich faßt, eine Weile mit sich nimmt: noch immer steige ich diesen kretischen Bergweg, im Harzduft, pflücke zwei, drei Zypressenzapfen, die kugeligen Samenspender, drehe sie in der Hand, Amulette, trage sie eine Weile, kann mich nicht mehr entschließen, sie wegzuwerfen, bewahre sie lange.

Stillstand. Die Felsen zogen die Stirn auf. Die Zeit, die wir im Steigen verbrauchten: der Turmfalke, der die Felswand drüben entlangflog, ohne Flügelschlag, talwärts, strich die Zeit durch.

Ich ging weit voraus vor den anderen, ohne Waffe. Viertes Kriegsjahr; die Freunde gefallen, fast alle, und noch kein Absehn. Alles von Trauer erfüllt, so allgemeiner, aufgelöster, daß es fast keine Trauer mehr war.

Oben, an der Scharte der Schlucht angelangt, machten wir Rast, aßen, tranken, sprachen und lachten, saßen lange. Der Giorgios kletterte ein wenig höher hinauf, äugte, kam wieder und meinte, jetzt kämen welche von uns. Ich stieg auch hinauf, sah nichts; es war wenig wahrscheinlich, daß er recht hatte, da doch außer der Wache im Türkenturm tageweit ganz gewiß kein unsriger war. Freilich, ich wußte, daß diese Burschen mit Falkenaugen das mehrfache sahen wie unsereins; und hatte der Evangeli in Samaria nicht mit meiner Pistole jeden vereinbarten Zapfen von einer Zypresse geschossen?

Aufbruch und plötzliche Eile der drei. Dank, Dank, Umarmungen, schneller Abschied, kali patrida und auf Wiedersehn nach dem Krieg. Und weg waren sie wie Murmeltiere.

Auch wir zogen weiter. Nach einer Viertelstunde sahen wir wirklich welche von uns. Als wir uns näher kamen, sahen wir, sie waren feldmäßig ausgerüstet, schwere Waffen, marschierten in Reihe hintereinander, vorweg der Leutnant. Er starrte uns an. Wozu wir gehörten? Wo wir herkämen?

Von da drunten. Aus der Schlucht, aus Samaria.

Was wir da gemacht hätten? fragte der Leutnant; es war deutlich, er dachte, daß etwas krumm mit uns sei.

Ich griff in die Knietasche meiner Tropenhose, wies ihm das Generalspapier, das mir Freiheit gab, mich zu bewegen, wo es mir gut schien.

Der Leutnant las es. Las es noch einmal, schaute mich an. Und wie lang seien wir dort drunten gewesen?

Zehn Tage.

So. Und wir wüßten nicht, was hier los sei?

Nein. Was sollten wir wissen?

Zwei Tage vorher: Der Oberfeldwebel vom Türkenturm hatte routinemäßig eine Streife über das Areal das er zu bewachen hatte, ausgehen lassen. Die Streife wurde am Rand der Hochebene, wo sie in Felsen überging, aus den Felsen beschossen. Dann war die gesamte Mannschaft des Türkenturms ausgezogen, um der Streife zu Hilfe zu kommen oder um den Kampf aufzunehmen. Die Partisanen in Überzahl und, wie immer, durch bessere Kenntnis der Berge im Vorteil, hatten die Siebenundzwanzig ins Unwegsame gelockt, Kampf im Fels, Scharfschüsse aus der Deckung. Mann für Mann von den unseren wurden getroffen, fertiggemacht und, nach kretischer Weise, verstümmelt. — Jetzt war die übliche, nutzlose, unausbleibliche, kaum vermeidliche Vergeltung im Gang, die zu nichts führte.

Also daher die Unruhe in den vergangenen Nächten. Vermutlich waren Widerständler durch Samaria und die Häuser der Wiglis gekommen; ihre Kampfweise war ja federnd, bestand in Vorstößen, Rückzügen. Oder man hatte Verwundete.

Und deshalb das Geleit; jetzt mußten wir's einse-

hen. Von drüben, aus den Felsenwänden erspäht, waren wir durch das Geleit ausgewiesen als solche, die unter Schutz standen. Unterm Schutz des Gastrechts, Freunde.
Mir war's wie ein Blick ins kretische Doppelgesicht.

Ich kam wieder nach Chania.
Es waren meine letzten Tage auf Kreta, ich sah alles mit Abschiedsblicken.
Herrliche hohe Dezembertage. Die Insel stand im Winter und Frühling zugleich. Nur die spätblühenden Morgen und die frühdämmernden Abende sprachen davon, daß es bald Weihnachten war.
Chania ist die sauberste Stadt auf der Insel. Kaum eine auf dem ganzen Festland ist so hübsch und so nett, kein Vergleichen mit Nauplia, mit Korinth, mit Patras und Sparta.
Ich hatte zum Schreiben ein Häuschen am Meer.
Hier könnt' ich ein Leben verbringen.
Ich stehe gern mit dem ersten Licht auf. Wenn ich es kann, will ich den aufgehenden Tag als Heiligtum nehmen und will ihn empfangen als ein Geschenk in Sammlung und Stille.
Wie sollte ich ihn hier nicht heilig beginnen, wo ich zu seinem Emporklang die schneeigen Kronen erblicke, wie sich die Dämmerung von ihnen löst und sie der Morgenglanz überatmet zu vollkommener Jugend und Reine! Als ob nie ein Gestern gewesen wäre und nie ein Vermengtes, nie eine Trübe, nie eine Tat.

Wenn man von Chaleppa die Straße nach Akrotiri hinansteigt, hat man einen vollkommenen Kretablick.

Das Meer reicht heran bis an die bräunlichen Klippen tief unter der Straße; es gibt Kammern mit weißschaumigen Rändern. Dann dehnt es sich fern in die Weite, dorthin, wo das Festland, wo Griechenland ist, an das man die Insel gekettet weiß als letzten, edlen Ring. Das Vorgebirge Tityros, wo das Tempelchen liegt, schiebt sich weit vor als bedeutender Finger.

Die Stadt liegt auf ältestem Grund. Auf der venezianisch-türkischen Bastion steht die Dattelpalme, mit der jeder befreundet ist, der Chania kennt; sie ist wie ein Scherenschnitt in den Himmel gezeichnet. Aus Meeresbläue steigen die Gestade sanft zu den Weißen Bergen empor.

Es sind die Orangengefilde von Furnes und Skines.

Alles ist da, was zu Kreta gehört. Ich präge es mir ein, damit ich es auswendig weiß ein Leben lang.

Insel des Zeus, der Europa und beider Sohnes, Minos des Königs. Mir scheint, daß im Dreiklang dieser drei Götter Kreta sich ausdrückt. Zeus, das ist die göttliche Ferne der Berge. Europa, das ist das Bräutlich-Geschmückte, Locken, lachend geschüttelt, Anemonenwiesen unter Oliven, Hänge voll Wein und voll Frucht. Das Minoische — ich meine es nicht im engen Verstand, ich meine das Ewigdurchpflügte der Insel, das Urzeitlich-Mächtige, immer noch Rankende, Treibende aus uraltem Wurzelstamme. Während die Straße emporführt, begleiten

sie Villen und Gärten. Die reifen Goldbälle hängen jetzt gegen die Bläue des Himmels und Meeres. Süßbitterer Duft mischt sich herzu: Frucht und Blüte am selben Zweig.
Dahinter dehnen sich die Orangenhaine stundenweit hin. Dort wird jetzt geerntet, vom Dezember bis in den Mai, Millionen goldroter Früchte.
Ich ließ mir erzählen und male es mir mit Vergnügen aus, wie einmal um die Winterszeit, als die Händler aus dem Piräus nach Chania kamen, um den Goldsegen in ihre Schiffe zu holen, unversehens die Sturmflut kam. Sie wühlte das Meer auf, nächtlicherweile; selbst im Hafen ward es lebendig. Mit Prankengewalt pochte es an die Türe der Lagerhäuser, in denen die Ernte von Tagen lag. Die Türen sprangen, und der Segen kollerte aus. Am Morgen war der Hafen bedeckt mit kugeligen Bällen, die schwammen; selbst die Gassen der Altstadt waren gefüllt mit dem lachenden Segen.
Das ist die mittlere Stufe der Insel, das Spiel zu Füßen der Berge, der Reichtum im Überflüssigen. Es ist der klingelnde Schmuck des Mädchens Europa. Das Hephaistos-Halsband von einst, immer noch. Es schmiegt sich um das göttlich-obere Reich der Gebirge.
Die Weißen Berge: mir sind sie Apollonberge geworden, ich sehe in ihnen das Reich dieses Gottes in kühlfrischer Klarheit des Schnees. Das Reich, das sich im Morgenglanze verkündet.
Denn hinzutritt Apoll, der neue griechische Gott, zur Dreiheit der alten kretischen Götter.

Zeus und Apollon, göttlicher Vater und Sohn, ihr Reich ist die Insel.

Ist mir die Frage vom Grabe des Zeus auf Kreta zur Antwort geworden? Sind die Götter uns tot oder glauben wir sie?
Ich werde nicht leben, solange ich zu leben habe, ohne das Glück der Geschenke, die sie mir gaben im Land ihres Daseins. Wohl weiß ich, es ist nur ein Widerschein. Wir sehen sie nur noch im Spiegel, nicht mehr im Anschauen geraden Blicks. Nur im Spiegel der marmornen Bilder, im Widerschein der Gesänge, die ihnen galten, im Spiegel der Landschaft.
Aber wenn so der Strahl auch gebrochen ist, der von ihnen zu unserem Auge her führt: ich glaube daran, daß das Licht ihrer Offenbarung, die Kraft des Glaubens an sie, daß der Glanz der Gebete noch liegt auf den Fluren, über denen sie schwebten, und über alle Zerstörung hinweg ist er noch da, dieser Glanz, wie ein schimmernder Tau, der einst niedersank, und der mich erquickt, der mich erhöht.

NACHWORT

Im Juni 1941 wurde Erhart Kästner an eine Dienststelle der Wehrmachtsbetreuung in Athen versetzt. Alsbald erhielt er den Auftrag, für die Truppe über Griechenland zu schreiben.

Zu diesem Zweck ging er, ausgestattet mit Sonderausweisen, ähnlich ungebunden wie Fontane 1870/71, in Griechenland, auf Kreta und den griechischen Inseln auf Wanderungen.

Im Frühjahr 1945 geriet er auf Rhodos, wo er zuletzt als Sanitätsfeldwebel Dienst tat, in britische Kriegsgefangenschaft. Kurz darauf wurde er in das Zeltlager von Tumilat in Ägypten verlegt.

In diesen Jahren entstanden Kästners frühe Werke, »Griechenland« und »Kreta«, das Manuskript eines noch geplanten dritten Bandes über die griechischen Inseln und das »Zeltbuch von Tumilat«. Das Zeltbuch, 1949 erschienen, führt heute die Reihe von Kästners fünf Hauptwerken an. Das frühe »Griechenland« ist 1953 in gänzlich umgearbeiteter Form unter dem Titel »Ölberge, Weinberge« veröffentlicht. Das unvollendete Manuskript »Griechische Inseln« von 1943/44 lag unveröffentlicht in Kästners Nachlaß. Es erscheint zusammen mit dem »Kreta«-Buch als eigenes Werk.

Der Erstdruck des Kretabuches von 1944 (Gebrüder Mann, Berlin) ging 1945 in Berlin verloren. Bereits 1946 wurde ein Nachdruck vom selben Verlag besorgt, der seit Jahrzehnten vergriffen ist. Der Autor wollte es noch selber neu herausgeben. Das letzte

Kapitel liegt, von seiner Hand besorgt, in abgeänderter Form vor. Im übrigen wurde das Manuskript in der ursprünglichen Form veröffentlicht.

Entscheidend ist die Einsicht, daß Erhart Kästners frühe Griechenlandbücher so frisch sind, wie am ersten Tag, voll Staunens über den Morgenglanz der kretischen Landschaft, die Mittagshelle und Stille der griechischen Inseln und den Abendschatten, den der griechische Geist über alles breitet. Kästners Leser sollen diese griechische Welt so sehen, wie er sie damals erlebte, ganz griechisch, nur dem Augenblick zugewandt und seinen Ereignissen: den begegnenden Menschen und Dingen.

Wer vom Lesen von Kästners letztem Werk, dem »Aufstand der Dinge« herkommt, wird mit Freude sehen, daß Erhart Kästner in seinen frühen Griechenlandbüchern Dinge und Menschen im ursprünglichen Einklang vorfand, ungestört von der Zudringlichkeit unseres katastrophalen Zeitgeistes und -geschehens.

Der Leser, macht er den Versuch, Kreta auf Kästners Wegen zu erwandern, wird vieles nicht mehr oder wesentlich verändert antreffen. Das Kretabuch ist kein Reiseführer, sondern ein Kunstwerk aus der Gunst eines besonderen geschichtlichen Augenblicks.

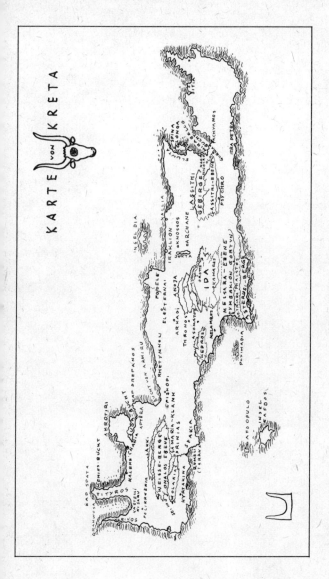

INHALTSVERZEICHNIS

Nächtlicher Ida	9
Tal von Asomatos	22
Messara-Ebene	31
Gortyn	35
Phaistos	44
Idäische Zeusgrotte	55
Eselritt	68
Flug über die Insel	97
Fodele, El Greco	111
Knossos	120
Jukta, Grab des Zeus	144
Mallia	155
Golf von Mirabello, Spina longa	160
Lassithi-Hochebene, Zeusgrotte am Dikte	167
Armes Griechenland	180
Dorisches: Diktynna-Tempel an der Menies-Bucht, Polyrrhinia, Hyrtakina, Aptera	188
Schlucht von Samaria und Hagia Rumeli, Tarrha	202
Dorf Samaria	224
Heinrich Gremmels: Nachwort	263

insel taschenbücher

Alphabetisches Verzeichnis

Allerleirauh it 115
Alte und neue Lieder it 59
Arnim/Brentano: Des Knaben Wunderhorn it 85
Arnold: Das Steuermännlein it 105
Bakunins Beichte it 29
Balzac: Das Mädchen mit den Goldaugen it 60
Bierce: Mein Lieblingsmord it 39
Blake: Lieder der Unschuld it 116
Die Blümlein des heiligen Franziskus von Assisi it 48
Boccaccio: Das Dekameron it 7/8
Brandys: Maria Walewska, Napoleons große Liebe it 24
Brentano: Gockel Hinkel Gackeleia it 47
Büchner: Der Hessische Landbote it 51
Busch: Kritisch-Allzukritisches it 52
Carroll: Alice hinter den Spiegeln it 97
Carroll: Alice im Wunderland it 42
Cervantes: Don Quixote (3 Bände) it 109
Chamisso: Peter Schlemihls wundersame Geschichte it 27
Dante: Die Göttliche Komödie (2 Bände) it 94
Daudet: Tartarin von Tarascon it 84
Defoe: Robinson Crusoe it 41
Denkspiele it 76
Diderot: Die Nonne it 31
Der Familienschatz it 34
Die großen Detektive it 101
Eisherz und Edeljaspis it 123
Flaubert: Ein schlichtes Herz it 110
Caspar David Friedrich: Auge und Landschaft it 62
Manuel Gassers Köchel-Verzeichnis it 96
Geschichten der Liebe aus 1001 Nächten it 38
Gespräche mit Marx und Engels it 19/20
Goethe: Die Leiden des jungen Werther it 25
Goethe: Die Wahlverwandtschaften it 1
Goethe: Faust (1. Teil) it 50
Goethe: Faust (2. Teil) it 100
Goethe: Reineke Fuchs it 125
Goethe: West-östlicher Divan it 75
Hebel: Kalendergeschichten it 17

Heine: Buch der Lieder   it 33
Hesse: Dank an Goethe   it 129
Hesse: Kindheit des Zauberers   it 67
Hesse: Leben und Werk im Bild   it 36
Hesse: Pictors Verwandlungen   it 122
Hillmann: ABC-Geschichten von Adam bis Zufall   it 99
Hölderlin-Chronik   it 83
Ricarda Huch: Der Dreißigjährige Krieg   it 22/23
Jacobsen: Niels Lyhne   it 44
Kant-Brevier   it 61
Kaschnitz: Eisbären   it 4
Kästner: Die Lerchenschule   it 57
Kästner: Die Stundentrommel
   vom heiligen Berg Athos   it 56
Kästner: Griechische Inseln   it 118
Kästner: Kreta   it 117
Kästner: Ölberge, Weinberge   it 55
Kinderheimat   it 111
Kinder- und Hausmärchen gesammelt durch
   die Brüder Grimm   it 112/it 113/it 114
Klingemann: Nachtwachen von Bonaventura   it 89
Kropotkin: Memoiren eines Revolutionärs   it 21
Laclos: Schlimme Liebschaften   it 12
Das große Lalula   it 91
Das Buch der Liebe   it 82
Linné: Lappländische Reise   it 102
Lorca: Die dramatischen Dichtungen   it 3
Märchen deutscher Dichter   it 13
Majakowski: Werke I it 16   Werke II it 53   Werke III it 79
Maupassant: Pariser Abenteuer   it 106
Michelangelo: Handzeichnungen und
   Dichtungen   it 147
Michelangelo: Leben und Werk   it 148
Minnesinger   it 88
Mirabeau: Der gelüftete Vorhang   it 32
Mörike: Die Historie von der schönen Lau   it 72
Mordillo: Das Giraffenbuch   it 37
Mordillo: Das Giraffenbuch 2   it 71
Mordillo: Träumereien   it 108
Morgenstern: Alle Galgenlieder   it 6
Musäus: Rübezahl   it 73
Mutter Gans   it 28
Die Nibelungen   it 14

Orbeliani: Die Weisheit der Lüge   it 81
Orbis Pictus   it 9
Phaïcon 1   it 69
Polaris 1   it 30
Polaris 2   it 74
Rabelais: Gargantua und Pantagruel (2 Bände)   it 77
Rilke: Ausgesetzt auf den Bergen des Herzens   it 98
Rilke: Das Buch der Bilder   it 26
Rilke: Duineser Elegien / Die Sonette an Orpheus   it 80
Rilke: Geschichten vom lieben Gott   it 43
Rilke: Neue Gedichte   it 49
Rilke: Das Stunden-Buch   it 2
Rilke: Wladimir, der Wolkenmaler   it 68
Rilke: Leben und Werk im Bild   it 35
Lou Andreas-Salomé: Lebensrückblick   it 54
Schlote: Das Elefantenbuch   it 78
Schlote: Fenstergeschichten   it 103
Schmögner: Das Drachenbuch   it 10
Schmögner: Das unendliche Buch   it 40
Schwab: Sagen des klassischen Altertums
  (3 Bände)   it 127
Shakespeare: Sonette   it 132
Sindbad der Seefahrer   it 90
Sophokles: Antigone   it 70
Sophokles: König Ödipus   it 15
Stevenson: Die Schatzinsel   it 65
Swift: Ein bescheidener Vorschlag ...   it 131
Swift: Gullivers Reisen   it 58
Tolstoj: Die großen Erzählungen   it 18
Turgenjew: Väter und Söhne   it 64
Twain: Huckleberry Finns Abenteuer   it 126
Twain: Tom Sawyers Abenteuer   it 93
Voltaire: Candide   it 11
Voltaire: Zadig   it 121
Wagner: Ausgewählte Schriften   it 66
Walser: Fritz Kochers Aufsätze   it 63
Das Weihnachtsbuch   it 46
Wilde: Die Erzählungen und Märchen   it 5
Wilde: Salome   it 107
Zimmer: Yoga und Buddhismus   it 45
Zum Kinderbuch   it 92